Toni Lauerer

Mei, bin i a Depp

Toni Lauerer

Mei, bin i
a Depp!

BUCHVERLAG

Bibliografische Information der Deutschen Nationalbibliothek

Die Deutsche Nationalbibliothek verzeichnet diese Publikation in der Deutschen Nationalbibliografie; detaillierte bibliografische Daten sind im Internet über http://dnb.dnb.de abrufbar. ISBN 978-3-86646-371-4

1. Auflage 2018
ISBN 978-3-86646-371-4
Alle Rechte vorbehalten!
© 2018 MZ-Buchverlag in der
Battenberg Gietl Verlag GmbH, Regenstauf
www.battenberg-gietl.de

Inhalt

Vorwort

Liebe Leserinnen und Leser,

Hand auf's Herz: Oft denken wir uns insgeheim „Lauter Deppen!"
Praktisch täglich kommen wir in Situationen, wo uns Mitmenschen
aufhalten, stören, belästigen, kurz gesagt, nerven!
Den Autofahrer nervt der Radfahrer, der sich notgedrungen mit nur
25 km/h fortbewegt und den er wegen Gegenverkehr gefühlte zehn
Kilometer lang nicht überholen kann. Den Radfahrer nervt der Auto-
fahrer, der ihm im Nacken sitzt und der bei ihm Angstschweiß auslöst.
Den Kunden im Supermarkt nervt der Mensch, der vor ihm an der Kas-
se steht, der mit Karte bezahlen will und dem seine PIN-Nummer nicht
einfällt. Und den vergesslichen Kunden nervt sein Hintermann, weil
der einen solchen nervlichen Druck erzeugt, dass ihm die PIN-Num-
mer erst recht nicht mehr einfällt. Die fürs Handy schon, aber die für
die Kreditkarte nicht.
Den Gast nervt die Bedienung, die seiner Meinung alle anderen
schneller bedient als ihn, die Bedienung nervt der Gast, der nach zehn
Minuten immer noch überlegt, ob er zum Schweinekotelett Pommes
oder lieber doch Bratkartoffeln möchte – und den kleinen oder den
mittleren Beilagensalat.
Den Schüler nervt der Lehrer, der ihn etwas fragt, das er nicht beant-
worten kann und den Lehrer nervt der Schüler, der nicht einmal mehr
das weiß, was man vor einer halben Stunde durchgenommen hat.
Keiner sagt es, aber viele denken es sich: „Mensch, is des ein Depp!"

Ich gebe es offen zu: Ich bin da keine Ausnahme!
Aber: Ich habe mich hingesetzt und nachgedacht, wie ich in manchen
Situationen auf meine Mitmenschen wirke, denn ich bin auch Auto-
fahrer, Radfahrer, Kunde und Gast – Schüler war ich auch mal, Lehrer
allerdings nie!

Und das Ergebnis dieses Nachdenkens war ernüchternd und beruhi-
gend zugleich, es lautete:
„Mei, bin i ein Depp!"

Und weil mir diese Erkenntnis so wichtig und fundamental erschien, habe ich es als Titel dieses Buches gewählt!

Verfolgen Sie mit mir meine Reise durch den Alltag eines Deppen, ich wünsche Ihnen viel Spaß dabei!

Und wenn Sie beim Lesen erschrecken und vielleicht zur gleichen Erkenntnis kommen – keine Angst, Sie sind nicht allein! Einen verständnisvollen Mitdeppen haben Sie auf jeden Fall: Mich!

Gute Unterhaltung und ganz herzliche Grüße!

Ihr Toni Lauerer

*E*s ist wohltuend für Körper und Seele, wenn man gemütlich daheim auf der Wohnzimmercouch sitzt, vor sich ein knappes Kilo Leberkäse, gut 100 Gramm süßen Senf, drei Brezen, ein Viertelpfund Butter, damit die Vorgenannten nicht zu trocken sind, und natürlich eine Tomate zwecks der schlanken Linie. Man schaltet den Fernseher ein, ist im Einklang mit sich, mit der abwesenden, weil shoppenden Frau, und mit der Welt und denkt sich: „So müsste es immer sein!"

Und dann läutet das Telefon!

Schlimm genug, wenn eine redselige Verwandtschaft das häusliche Idyll (zer)stört, noch schlimmer aber, wenn ein Mitarbeiter eines Callcenters am Apparat ist und dir irgendetwas anpreisen will, das angeblich so günstig ist wie nie zuvor und das nur er anbietet und jeder, der dieses einmalige und ab übermorgen nicht mehr gültige Angebot nicht nutzt, ist von Haus aus ein Depp! Meistens handelt es sich um Handytarife, garniert mit allerlei neumodischen Wörtern wie Flatrate, Gigabyte, App, Wozzäp und sonstigen urbayerischen Substantiven.

Callcenter, das muss man wissen, wurden ja ausschließlich deshalb erfunden, weil es den Menschen zu langweilig ist. Früher haben die Menschen 24 Stunden am Tag gearbeitet, teilweise auch noch in der Nacht, so dass manche auf 30 Stunden und mehr täglich kamen! Heute ist das ganz anders, ich sehe das ja an mir selber: Man ist Beamter und hat um 17 Uhr Dienstschluss, kommt also so gegen 16.40 heim. Abendessen gibt's erst um 18 Uhr, was tut man in der Zwischenzeit? Fernsehen? Kommt nur Schmarrn! Einen Ring Fleischwurst essen als Vorspeise? Hört sich super an, wäre auch super, findet aber aus nicht nachvollziehbaren Gründen keine Zustimmung bei der Gattin! Diese empfiehlt eine Reiswaffel, welche aussieht wie Styropor, aber bei weitem nicht so gut schmeckt. Erträglich ist sie mit Mayonnaise und Leberkäse, womit ich sie belege, wenn die Gattin außer Haus ist, um dann bei ihrer Heimkehr heuchlerisch zu ihr zu sagen: „Sooo schlecht schmeckts gar ned, so a Reiswaffel!"

Joggen? Ist körperlich wegen des anstrengenden Tags im Büro nicht möglich, es würde ein gefährlicher Erschöpfungszustand drohen! Ein Bier trinken? Da schläft man noch vor dem Abendessen ein! Einen Kaffee? Da schläft man überhaupt nicht mehr ein! Es ist in der Tat schwierig!

Und um dieses Problem der Langeweile zu beheben, hat man Callcenter erfunden mit der Absicht, mich während der Wartezeit zu beschäftigen und vor allem zu nerven. Früher war ich tatsächlich genervt, wenn mich so ein Anruf ereilt hat, aber inzwischen bin ich ein Profi, was Gespräche mit Tele-

fonanbietern aller Art betrifft – ehrlich gesagt freue ich mich geradezu auf solche Anrufe, denn ich übernehme nach kurzer Zeit die Rolle des Nervenden unter dem Motto

Der Angerufene schlägt zurück

Das Telefon in der Diele läutet, ich erkenne an der Nummer, dass ein TTD (Telefontarifdealer) am anderen Ende der Leitung ist. Ich hebe ab, melde mich aber nicht mit „ja", sondern mit „Guad Moang", obwohl es 17.06 Uhr ist. Man muss das Wort „ja" unbedingt vermeiden, da der Verdacht besteht, dass dieses „ja" aufgezeichnet und später als Antwort auf die Frage „Möchten Sie eine Flatrate für monatlich 150 Euro?" hinmontiert wird. Dies hat mir mein Freund Kare glaubhaft erklärt. Und Kare kennt sich mit Tricks aus, denn er ist Metzger! Also, das Gespräch beginnt:

Ich:	Guad Moang!
TTD:	Guten Tag! Spreche ich mit Toni Lauerer?
Ich:	*(„Ja" vermeiden!)* Des konn durchaus sei!
TTD:	Wie bitte?
Ich:	In mein Ausweis stehts aso drin!
TTD:	Dann sind Sie also Herr Toni Lauerer?
Ich:	Eher scho wia ned!
TTD:	Dann gehe ich mal davon aus, haha!
Ich:	Aso machmas! Haha! Gema aus davo! Bleibt uns eh nix anders übrig.
TTD:	Hätten Sie eine Minute Zeit für mich?
Ich:	Zwoa aa! *(„Ja" vermeiden nicht vergessen!)*
TTD:	Wie bitte?
Ich:	Zeit spielt koa Rolle ned! Für an guadn Schmaaz bini allaweil zum haben! Mitm Redn kemman d'Leit zamm, hoaßts allaweil!
TTD:	Wie bitte??? Ich verstehe Sie sehr schlecht!

Jetzt ist der Moment gekommen, wo ich mich auf mein Deppenbankerl setze. Wir haben nämlich für die Diele extra eine kleine hölzerne Bank gekauft, damit ich nicht so lange stehen muss, wenn ich mit einem Deppen telefo-

niere. Und dass ich im Moment einen Deppen an der Angel habe, dessen bin ich mir sicher! Er ahnt aber noch nicht, dass er es mit einem Sadisten der übelsten Art, nämlich mit mir, zu tun hat.

Ich:	Host an Tinnitus, weilst mi ned verstehst? Des is a Geißel der Menschheit! I hob glesn, in Deitschland pfeifts bei 6 Millionen im Ohr, bevorzugt im linken! Des is ned angenehm. Des is de laute Musik! De junga Leit, de wern im Alter amal alle taube Nüss'! Weils dauernd den Knopf im Ohrn hamm. I werad wahnsinnig mit dem Gsurr den ganzen Dog! Ständig fahrns welche zamm, weils des Auto ned hörn, mi wunderts ned! Des muassma sich amal vorstelln! Do hörst „Highway to Hell", dann fahrt di a Auto zamm und bist schaust, bist scho in da Höll – blanke Ironie!
TTD:	Äh, interessant! Aber mir geht es heute um ganz etwas anders: Halten Sie sich fest, Herr Lauerer, ich habe ein sensationelles Angebot für Sie! Zunächst eine Frage: Wie hoch sind derzeit Ihre monatlichen Telefonkosten?
Ich:	Des schwankt!
TTD:	Durchschnittlich!
Ich:	Kimmt allaweil draaf o!
TTD:	Ungefähr!
Ich:	Amol aso, amol aso!
TTD:	Wie bitte?
Ich:	Du bist koa Hiesiger, gell? Wo bist denn nacha du her, ha?
TTD:	*Leicht unsicher:* Ich rufe aus Hamburg an!
Ich:	Aus Hamburg! Ja mi host ghaut! A Superstadt! *Schwärmerisch:* Hamburg an der Mosel!
TTD:	Äh, an der Elbe, Hamburg liegt an der Elbe, nicht an der Mosel!
Ich:	*Neunmalklug:* Des woaß i doch! Des war doch bloß a Witz mit da Mosel! I kenn mi doch aus, i war doch scho in Hamburg. Des war … Moment, lass mi nachdenka … des war … 1977, freilich, 1977 war des! Tausendprozentig!
TTD:	Äh, ist ja jetzt auch egal – ich hätte da folgendes Angebot für Sie: 24 Stunden am Tag telefonieren in alle Netze, PLUS Internet …

Ich:	Naa, 1978 wars! Sorry, da hab i mi deischt, 1978 warma in Hamburg! Natürlich, 1978! Weil wia i hoamkema bin vo Hamburg, do hod mir mei Muada erzählt, dass beim Kruzn Rudi brennt hod! Und des war 1978, hundertprozentig, des konnst mir ruhig glauben!
TTD:	Ich glaube es Ihnen, ehrlich! Obwohl ich nicht alles verstanden habe, aber ich glaube Ihnen! Und jetzt nochmal zu meinem heutigen Angebot für Sie: Abgesehen vom sagenhaft günstigen Tarif, den ich Ihnen gleich näher erläutere, Sie bekommen obendrein auch noch ...
Ich:	Des is klar, dass du ned alles verstanden hast, weil Kruzn Rudi is ja bloß da Hausnam'! In echt hoaßt der Rudolf Steinhauser! Wo des Kruzn herkimmt, des woaß i aa ned! Du vielleicht? *Sinnierend:* Kruzn ... Kruuuzn ... hm, keine Ahnung! Host an Verdacht, wo des herkimmt, des Kruzn?
TTD:	Äh ... nein, das ... das weiß ich auch nicht. Aber jetzt nochmal zu ...
Ich:	*Weiter sinnierend:* Kruzn ... Kruzn ... hm, a ganz a seltsams Wort. I konn dir beim besten Willen ned sagen, wo des herkimmt, duat mir echt leid! Kruzn ... hm ... Kruuuzn ...
TTD:	Macht nichts, Herr Lauerer, macht gar nichts! Zu meinem Angebot: Ich, bzw. Sie ...
Ich:	Moment, glei! Dassi weitererzähl: Also, es hod brennt beim Kruzn Rudi. Zwar bloß a Schupfa, owa immerhin. Da Feierwehrkommandant hod gsagt: „Besser wia nix!" Haha! Des is aa oaner, unser Feierwehrkommandant, a Unikum! Der isst an Zwiefl wia an Opfl, Apfel moane, Wahnsinn! Owa des is jetza wurscht! 1978 warma in Hamburg, mit da Schul, des war unser Abschlussfahrt!
TTD:	*Nervlich zunehmend porös:* Ach ja! Toll! Apropos Abschluss: Sie könnten heute bei mir einen unglaublich günstigen Vertragsabschluss tätigen. Ich schildere Ihnen kurz die Bedingungen: Sie können alle zwei Jahre telefonieren, halt, nein, natürlich nicht! Sie bekommen alle zwei Jahre ein neues Handy – das habe ich jetzt verwechselt! Und dann noch, Sie werden es nicht glauben ...
Ich:	Wart, i habs glei, owa des muassi dir unbedingt no erzähln: Mir fahrma also vo Cham aaf Hamburg. Kennst Cham?

TTD:	Äh, nein!
Ich:	Cham – bei Pemfling!
TTD:	Nein, tut mir leid, ich kenne das nicht!
Ich:	Is wurscht. Aaf jeden Fall warma dann in Hamburg. Mir natürlich glei in den Puffbezirk, Sankt Peter oder wia der hoaßt.
TTD:	Sankt Pauli!
Ich:	Genau, mersse! Irgend a Apostel halt. Des kannst dir denka, dassma mir do hi san! 18 Johr alt, hormongeladen, keine Ahnung vo Tuten und Blasen! Hamma gsagt, do miassma hi, und wenn a Radl owageht!
TTD:	*Verwirrt-verzweifelt:* Wie bitte?
Ich:	Etza lus, glei kimmts! Mir samma zu viert in aso a Art Puff, oder wos des war, eine. Sitzma uns hi, kimmt scho oane daher, aso a Schnalln, a durchsichtigs Nachthemad an, sunst nix! Uns hats d'Augen aussabatzt wia an Frosch, wennst aaf eam drauftrittst! Mir hamm ja sowos no nie gseng in natura. Im Bayerischen Wald hods damals sowos no ned geben! Mir warma ja glatte Deppen, geschlechtlich betrachtet! Null Ahnung vo nix! Heitzudogs is ja des ganz anders. Mei Neffe, da Loisl, der hod mit 10 Jahrn scho des zwoate Handy! Des erste hod eam sei Exfreindin bei da Trennung zammghaut! Des muasst dir amal vorstelln! 10 Jahr alt und scho a gescheiterte Beziehung hinter eam! I hob ja glei gsagt, dass des nix wird! Wenn oane scho Jennifer hoaßt, dann woaß i scho, woher da Wind waht! A Moni oder a Rosi is mir vom Orsch liawa wia a Jennifer vom Gsicht, des sog i dir scho! Mir wennst ned gangst!
TTD:	*Hält den Hörer zu und spricht mit einem Callcenterkollegen:* Um Himmels Willen, ich hab einen komplett Irren in der Leitung! Der erzählt mir dauernd was von einem Ausflug ins Bordell in Hamburg. Und pervers ist er auch – er tritt auf Frösche, bis deren Augen platzen! Ich weiß nicht mehr, was ich mit dem machen soll! Sein Neffe ist 10 und frühreif!
Ich:	Hä? Bist no do?
TTD:	Äh, ja, ich ich ich b...b...bin noch da! *Dem Wahnsinn bereits ziemlich nahe:* Ich hätte da was für Sie, ein Dings, ein Angebot! Alle zwei Handys ein neues Jahr, Flatrate in alle Megabytes, Apps, Apps, viele Apps! Greifen Sie zu!

Ich:	*In der festen Absicht, ihn endgültig in den Trübsinn zu treiben:* Kein schlechtes Angebot, do redma später no drüber! Etza muassi dir zerst erzähln, wia des weidaganga is mit uns und da Oberschnalln vo Hamburg! Des war a ganz a Grissne – hods gmoant! De allerschlauer vo ganz St. Moritz, hods gmoant!
TTD:	*Verzweifelt:* St. Pauli! Sie waren in St. Pauli!
Ich:	Omei, natürlich! Wia kimm i aaf St. Moritz? Freilich, etza is mir des klar: Weil mei Neffe, der hoaßt Moritz! Letzts Jahr hod er Kommunion ghabt! Du, is er zammgfalln und hod de Kommunionkerzn abbrocha – a Volldepp!
TTD:	*Flehend:* Aber die Flatrate! Und die Gigabyte! Alle Netze! 500 Monate pro Jahr 12 SMS frei! Und Apps! *Beginnt zu weinen.* Herr Handy, ich bitte Sie! Ich flehe Sie an! Beim heiligen Moritz von St. Pauli!
Ich:	Jaja, scho guat, i erzähls dir ja, wia des ausganga is! Also, mir vier Haumdaucher aus Cham sitzma so durt, sagt d'Schnalln: „Hallo zusammen, ich bin die scharfe Schakline! Na Jungs, wo kommt ihr denn her?" Und mir so: „Vo Cham samma und insgesamt hamma 20 Mark dabei!" Du, wia de des ghört hod, de is ab wia d'Sau ausm Schlachthof! 20 Mark! Des is ja im Puff praktisch nix, Euro hodma ja damals no ned kennt! Und weg wars! Ihra Nachthemad hod bloß no gflattert wia's Nasentröpferl im Wind!
TTD:	*Völlig wirr und ängstlich:* Ist sie weg? Ist sie endlich weg? Dann können wir ja über mein Angebot sprechen! Ich habe ein Angebot! Herr Flatrate, bitte, es ist unverbindlich, möchten Sie ein Netz? Wir haben alle Netze: D1, D2, B12, Allrad, alles, wir haben alles! Was möchten Sie? Sagen Sie es mir! Eine App? Kein Problem! A biesl Apps geht immer, wie der Bayer sagt. Hahahaha! *Lacht irr, ist dem Wahnsinn bereits verfallen.*
Ich:	De Story geht no weida! Des war ja bloß die Einleitung! Weil mir hamm natürlich insgesamt 100 Mark dabei ghabt! Und zwar jeder! Mir hamm de Schnalln zum Narren ghaltn! Da Hammer kimmt ja erst! Do wirst schaun! Hast no Zeit a paar Minuten, dann erzähl i dirs?

TTD:	*Ängstlich-wahnsinnig:* Neinnein, keine Zeit, keine Zeit! Kunden, Millionen Kunden, Milliarden Flatrates, Billionen Apps! Tarif, Tarif, Achtung Tarif! Giga, Mega, Mokka! Keine Zeit! Immer weiter, immer weiter! Wir verschenken alle 12 Monate ein neues Jahr, äh, ein neues Handy! Ich muss telefonieren, immer wieder telefonieren, ich habe keine Zeit! Zeit ist Geld! Tarif, Tarif!
Ich:	Des is schad! Owa woaßt wos? Gibma dei Nummer! Dann ruaf i di moang o und dann erzähl i dir, wia des ausganga is im Puff!
TTD:	*Legt auf und bricht schreiend zusammen.*
Ich:	*Befriedigt zu meiner Frau:* So, den hättma gschafft, etza kinnma essen!

Wahre Liebe

Kare:	Mei Neffe hod direkt a poetische Veranlagung.
Sepp:	Dei Neffe?
Kare:	Ja, da Bua vo meiner Schwester, da Jean-Claude!
Sepp:	Hod dei Schwester an französischen Mo, weil da Bua Jean-Claude hoaßt?
Kare:	Naa, an Vogel hods, drum hoaßt er Jean-Claude! Is etza wurscht, aaf jeden Fall hod der Bursch folgendes Gedicht gschriem:
	Oh, wie hab ich dich so gern,
	ohne dich daad ich narrisch wern!
	Es tut so gut, wenn ich dich spür
	und hundert mal am Tag berühr!
	Ohne dich waar einsam ich und dumm,
	wer dich mir nimmt, den hau ich um!
	Stark, ha?
Sepp:	Wahnsinn! Voll romantisch! Wie alt is er denn?
Kare:	Im April is er 12 worn!
Sepp:	Woooos? 12 Jahr erst? Und scho so verliebt, dass er für sei Freindin aso a tolles Gedicht schreibt?
Kare:	Wos hoaßt do Freindin? Do geht's um sei Handy!

15

Tolle Frau

Kare: Wos schaust denn so begeistert, Sepp?

Sepp: Weil mir des so guat duat!

Kare: Wos duat dir so guad?

Sepp: De Selbstbestätigung durch mei Frau! Man fühlt sich als Mo einfach so, so anerkannt, so bestätigt, direkt geliebt, wenn die eigene Frau oan recht gibt!

Kare: Ja Wahnsinn! Gibt dir dei Frau recht?

Sepp: Ja! Gestern erst wieder! Hob i versuacht, an Schrank zammzubaun. Dann hob i mi mitm Hammer dermaßen aaf mein Finger affeghaut und gschrian: „Zefix, bin i ein Depp!" Do hod mei Frau gsagt: „Do host du vollkommen recht!"

Verlässlichkeit

Kare: Woaßt, wos bei uns oft unterschätzt wird und zu wenig gewürdigt?

Sepp: Wos nacha?

Kare: De Verlässlichkeit! Dassma sich aaf bestimmte Sachen einfach verlassen konn!

Sepp: Wia moanst jetza des?

Kare: Ja, zum Beispiel, wenn d'Mülltonne voll is, dann kimmt d'Müllabfuhr! Wennst an Briaf kriagst, dann kimmt da Postbot. Wennst krank bist, dann kimmt da Doktor! Des moan i damit! Do konn man sich bei uns einfach drauf verlassen!

Sepp: Genau! Und wennst grilln willst, dann kimmt a Weda, do konnst di aa drauf verlassen!

Kare: Stimmt!

Wahre Tragödie

Kare: Man jammert immer so gedankenlos, gell!

Sepp: Gedankenlos? Wia gedankenlos?

Kare: Ja, so automatisch – man jammert einfach so dahi: Übers Weda, weilma Kopfweh hod, über sein Job, über d'Frau, man jammert einfach so gedankenlos dahi! Wia guat dass eam eigentlich geht, des merktma dann erst, wenn oan selber wos Schlimmes passiert! Wia mir gestern! I hob denkt, i drah durch, Wahnsinn! I hätt nie glaubt, dass mir sowos passiert!

Sepp: Um Gottes Willen? Wos is dir denn passiert?

Kare: I hob den ganzen Dog am Handy koan Empfang ghabt!

Sepp: Nachträglich herzliches Beileid!

Nichts lieber

Kare: Und Sepp? Host scho a Weihnachtsgeschenk für dei Frau? Is allaweil ned einfach, gell? Bisma de Ansprüche erfüllt, de wo de hamm!

Sepp: Des war bei mir heuer viel unkomplizierter als erwartet! Total locker!

Kare: Ehrlich? Wia des?

Sepp: I hobs gfragt: „Roswitha, wos daadst jetza du dir heuer zu Weihnachten wünschen? An Schmuck efentunell?" Dann hod sie gsagt. „Josef, i sogs dir ganz ehrlich: Nix waar mir liaba als a Schmuck!" Also dann, wenns moant, dann kriagts halt Nix!

Falsche Freunde

Sepp: Glaubstas, glaubstas! Mei Tochter wird allaweil seltsamer!
Kare: D'Sabine?
Sepp: Freilich d'Sabine, i hob ja bloß oa Tochter!
Kare: Do host jetza aa wieder recht! Und wos is nacha? Wos hoaßt „allaweil seltsamer"?
Sepp: 3 Jahre wars etza aaf den Tofu fixiert. Des is jetza vorbei, seit 8 Wochen mags bloß no an Kefir!
Kare: Du allaweil mit deine Vorurteile! Des is doch wurscht, wo ihra Freind herkimmt, Hauptsach, nett is er!

Rentnerschicksal

Rudi: Und Alis? Bist zufrieden mit dein Dasein als Rentner?
Alis: Mehr oder weniger!
Rudi: Wia moanst jetza des – mehr oder weniger?
Alis: Zeit hobi mehr, Geld weniger!

Sinnvolle Deko

Kare: Stell dir vor, Sepp: Jetza hod mei Frau a neis Wohnzimmer kauft! Obwohl des alte erst 30 Jahr alt is! Des is no einwandfrei! Owa so sans, de Weiber – alle paar Dog wos Neis, es is zum narrisch werden!
Sepp: Des stimmt! De mei hod sich jetza a Buch kafft, obwohls scho drei hod!
Kare: Unglaublich! Owa wenigstens no billiger wia a Wohnzimmer! Ganz in Weiß is des Wohnzimmer, alles weiß! Weil i gsagt hob: „Des schaut aus wia a OP-Saal!" Owa des war ihr wurscht! „Du immer mit dein Schmarrn!", hods gsagt, „kaaf mir liawa zum Geburtstag an scheena Dekorationsartikel für unser neis Wohnzimmer! Owa unbedingt weiß, gell!"
Sepp: Und? Host wos gfundn, ganz in Weiß?
Kare: No freilich! An Rauchmelder kriagts!

Lauter Deppen

Kare: Omei, Sepp, is des eine narrische Welt! Manchmal denk i mir, wenn i de andern Leit aso oschau: „Lauter Deppen!"

Sepp: Des denk i mir dauernd! Des war früher anders, zu unserer Zeit, wiama mir jung warn. Do war des anders!

Kare: Genau! Do warma mir de Deppen!

Sepp: Owa unfreiwillig! Mit warma zwangsläufig Deppen, weil mir hamm ja nix ghabt im Vergleich zu da heutigen Jugend! Nix hamma ghabt! Koa Handy, koa Hirn, nix!

Kare: Ned amal a Tattoo! Heitzudogs hod jeder Hanswurscht a Tattoo, mir hamm koans ghabt! Glatte Deppen warma! Wennma wos ghabt hamm, dann warns Hormone, massenhaft Hormone, also Hormone hamma scho ghabt!

Sepp: Owa koa Freindin! I hob oft gar ned gwisst, wohi damit! Do stehst ganz schee dumm do mit deine Hormone!

Kare: Wia a Depp im Prinzip! A hormoneller Depp!

Sepp: Genau! Wenn i do so zruckdenk – es hod so guat wia nix gem! Ned amal Privatfernsehen, koa RTL, koa Pro7, koa VOX, koa Kabel und wia des ganze Zeig hoaßt, nix hods gem!

Kare: Stimmt! Drum hods aa koa Comedy ned gem! Heit kimmt ja den ganzen Dog Comedy aaf de Privatsender. Hamm mir in unserer Jugend a Comedy ghabt?

Sepp: Null! Mir hamm koa Comedy ned kennt! A Gaudi hamma ghabt, owa koa Comedy! A Gaudi hamms heit nimmer, owa a Comedy!

Kare: Mir hamm aso a Art Comedy ghabt, de hod Komödienstadel ghoaßn oder Königlich Bayerisches Amtsgericht, des war aso a Art Comedy, owa lustiger!

Sepp: Genau! D'Erni Singerl, woaßtas no?

Kare: No freilich! Hod ned ganz so guat ausgschaut wia de Gruber Moni, owa lustig wars aa!

Sepp: Kabelfernsehen hods damals scho gem!

Kare: Spinnst du? Niemals hods damals scho a Kabelfernsehen gem, des is erst viel später kema!

Sepp: Doch, des hods gem! Owa bloß in Hamburg im Ohnsorg-Theater, weil do war die Heidi Kabel dabei!

Kare:	Depp! Du host aa scho bessere Gags gmacht! Kabelfernsehen wega da Heidi Kabel! So ein Schmarrn!
Sepp:	I moan ja bloß! Und oans sog i dir aa: Des ganze nackerte Zeigs hods aa ned gem am Fernseh! Do hamm de Frauen no wos anghabt seinerzeit! *Überlegt.* War wahrscheinlich bei da Erni Singerl und da Heidi Kabel eh gscheida!
Kare:	Wahrscheinlich scho!
Sepp:	In unserer Jugend host du koa Chance ned ghabt, dass du amal an nackerten echten Busen gseng host, obwohl du hormonell dringend oan braucht hättst! Also zumindest zum Anschaun! An beweglichen, ned bloß a Bildl aaf da Illustrierten! Oan, der sich rührt, an echten halt!
Kare:	Des stimmt! De oanzige Chance, dass du überhaupt schemenhaft oan segst, war, dass du di ins Kino einegschlicha host in „Schulmädchenreport" oder „Hinterm Stadel wird gejodelt" oder „Hausfrauenreport", de warn ab 18 Jahre. I hob mi do manchmal einegschlicha, weil i hob scho älter ausgschaut mit 16!
Sepp:	I ned, des is a Kreiz! I hob als Teenager aso a zarte Haut ghabt, wia a Pfirsich, i hob brutal jung ausgschaut, kindlich fast! Mi hättens maximal in „Pippi Langstrumpf" einelassn mit meiner pfirsichartigen Haut! A Drama, i sogs dir! Hormone wia a 18-jähriger und a Haut wia a Kommunionkind, des passt ned zamm! Do kimmst du nie zu wos, rein sexuell!
Kare:	Ehrlich? Host du echt aso a zarte Haut ghabt?
Sepp:	I hob heit no a Top-Haut! Mei Hautärztin sagt oft: „Gut, dass Sie eine Glatze haben, weil sonst täte man die wunderschöne Kopfhaut nicht sehen!" Aaf des pfeif i, ehrlich gsagt! De bläde Haut hod dazu gführt, dass i im Alter zwischen 8 Monat, do hod mei Muada abgestillt, und 18 Johrn koan echten Busen gseng hob! Wia i 18 war, hod sich dann oane erbarmt und hod mir ihren Busen zoagt, owa aa bloß, weils bsuffa war. Des war dann aa ned des Wahre. I war wirklich a Depp als junger Mensch, fast scho a Volldepp vo da Tendenz her!
Kare:	Lauter Deppen warma, lauter Deppen! Konnst di no erinnern? Mir hamm in da 7. Klass in da Schul heimlich Fuß-

ballerbildl unter da Schulbank tauscht. 3 Höttges gega oan Netzer! Oder 2 Seeler gega oan Beckenbauer! Und do samma uns super vorkema! Heit tauschens in da 6. Klass Sexbildln über Wozzäpp aus! De hamm no koa Hormon, owa scho Sexbildl! Du, do wenn oane im Smartphone an Strip hilegt, do hod da Netzer koa Chance dagegen, ned amal da Beckenbauer! I wenn ehrlich bin, do waar mir da Strip aa liaber! Owa ned vom Netzer!

Sepp: Um Himmels Willen, bloß ned! Du, und woaßtas no? Drei Fernsehprogramme hods gem und im Fernseh san Schauspielerinnen und Schauspieler gwen und vorm Fernseher Zuschauer! Etza san im Fernseh meistens Halbaffen und vorm Fernseher de ander Hälfte vom Affen! I hob letzdings a Sendung gseng, do hammse a Haffa Weiber um oan Mo gstrittn, des war a Bäcker!

Kare: A Bäcker? A Bätschler war des!

Sepp: Konn aa sei, aaf jeden Fall hod der an ganzen Schwung Rosen dabeighabt und de hod er dann verteilt und jede, de koane kriagt hod, hod gflennt! Oane hod gsagt, sie daadna lieben und er waar für sie der einzige Mann fürs Leben und sie möcht niemals an andern! Owa weil er ihr koa Rose gem hod, nimmts dann an andern! Er is selber schuld, weil sie waar a guade Partie! Obwohl sie erst 28 Jahr alt is, war sie scho Model für Strümpf, dann für Slipeinlagen und demnächst für runderneuerte Busen – sie hod sich praktisch vo ganz unten hinaufgearbeitet! Etza brauchts bloß no Model für Perücken wern, dann is ganz oben angekommen!

Kare: Lauter Deppen! No besser san ja de ganz andern, de sich im Dschungel verstecka, dass da Gerichtsvollzieher ned find! De kinnan bloß hoffa, dass der ned Fernseh schaut! Obwohl, wenn der segt, von wos sich de ernährn miassn, Känguruhoden und Leguanschwänz und so Sachen, dann woaß der sofort, dass vo denen nix zum holn is! I sog allaweil: „Wer sich ernährt von Leichenresten, bei dem stehts finanziell nicht zum Besten!"

Sepp: Do host du recht! I moan, i daad mir an Känguruhoden eigeh lassn, wenn er grillt is und a bissl abgschmeckt mit Salz, Pfeffer und eventuell an Ingwer …

Kare:	Und an Hauch Curry!
Sepp:	Genau! Owa roh? Ja pfui Deifl!
Kare:	I daad mir ja den Schmarrn nie und nimmer oschaun, owa zwischendurch duscht sich dann wieder mittndrin oane nackert, dann denk i mir: „Jawoll! A weng a Kultur is doch dabei!" Letzdings hod sich allerdings aso a alter Schlagersänger nackert duscht im Dschungel, do hob i dann spontan umgschalt. Mir hod da Leberkaas nimmer gschmeckt! Der hod als Mo an Busen ghabt! Owa koan festen! Zum Grausen!
Sepp:	Des mag koa Mensch ned seng!
Kare:	Mir wennst ned gangst! Do is ja „Bauer sucht Frau" no besser, vor allem de Moderatorin! Do wird sich oft aso a Bauer denka: „De war mir liaba wia der ganze Stadl voll Weiber!"
Sepp:	Des stimmt! Mir gfalln eh de Nam vo de Bauern besser wia de Kandidatinnen: Der geile Gurkenbauer Gustav! Oder der kahle Kartoffelfreund Karl! Oder der kuule Kuhhirt Kuno, des san doch Namen, woama sagt: „Jawoll, des is a Name!" Ned so langweilig wia Hans Huber oder so. Mei Lieblingsbauer is rein vom Nam her der riechende Rinderzüchter Richard. Der hod a Gsicht ghabt wia a Mähdrescher! Dem sei Maul war so breit, i schätz, da hätten 50 Zähn Platz ghabt, warn owa bloß no ca. 3 drin! Und vo dene 3 warn zwoa kariös.
Kare:	Ja, den hob i aa gseng! Brutal – i hob zerst gmoant, der hod a Maske auf, so in Richtung Halloween, war owa sei echts Gsicht! Der wird no lang suacha! Du, ganz wos anders: Kennst du „Schwiegertochter gesucht"?
Sepp:	Ned direkt, wos is des?
Kare:	Des is da Wahnsinn an sich! Des lafft folgendermaßen: Do sitzt a Muada mit ihrem 43-jährigen Sohn am Wohnzimmertisch. Sie raucht und isst Chips, er sitzt daneben, schaut in sei Handy und trinkt a Bier aus da Dose. Sie hod an pinken Jogginganzug an, de Farb vo seinem Jogginganzug konnma schlecht beschreiben, so graubraunbeige. Dann sagt d'Muada, er soll in d'Kamera schaun, dass d'Leit seng, wia guat er auschaut. Dann schaut er in d'Ka-

	mera und lächelt. Des is owa a Fehler, weilma dann segt, dass er bloß 5 Zähn hod, guat d'Hälfte davo is schadhaft, also eher bräunlich. Und dann sagt er, er suacht a Frau um die 22 Johr und vom Typ her a Model. Haarfarbe egal, Hauptsach blond – und a Tattoo is Bedingung!
Sepp:	Wahnsinn!
Kare:	Warts ab, da Wahnsinn kimmt erst! I schau mir des letzte Woch o, Mama und Sohn sitzn do, geht de Tür aaf und zack, kimmt de Traumfrau eina. I sogs dir, wo du spontan sagst: „Ja, mi host ghaut!
Sepp:	Wieso?
Kare:	Höhe ca. 155 cm, Breite ähnlich und tätowiert wia a Südseeinsulaner, voll brutal! Natürlich hod sich da Sohn schlagartig in sie verliebt, weil sie hod ned bloß ausgschaut wia a Model, sondern sogar wia 2-3, zumindest vom Gwicht her! A gelbs T-Shirt hods anghabt, do is vorn draufstandn „Princess"! I hob zerst glaubt, des Shirt is hell-dunkel-gelb gemustert, owa des hod bloß so ausgschaut, weil sie gschwitzt hod wia ein Ochs! Unterm Shirt is a kaasige Fettschwartn aussaghängt, de war aa tätowiert, zum Speim! Sie hod sich dann zur Muada higsetzt und hod gemeinsam mit ihr Chips gessn und graucht, war direkt idylisch! Und da Sohn, kreativ durch sei Verliebtheit, is ins Bad ganga, hod a Badewanne mit warmem Wasser und Lavendelduftschaum eilassn für sei Prinzessin und hod Rosenblätter aaf des Badewasser gworfa, ca. 3 Kilo.
Sepp:	Wo hod der so viel Rosenblätter herghabt? 3 Kilo hodma doch normal ned dahoam, also i hob gar koans dahoam.
Kare:	Woaß da Deifl! Aaf jeden Fall hod er de Rosenblätter verstreut und dann hod er mit lauter brennende Teelichter „I love ju!" aaf de Wasserfläche gschriem, hod echt guat ausgschaut!
Sepp:	A Depp, owa a Romantikcr!
Kare:	Scho! Owa de Romantik war schlagartig vorbei, wia sie dann ins Bad einekema is. Erstens wars scho fast nackert, des war scho amal koa direkt romantischer Anblick, owa so richtig unromantisch is dann worden, wias in d'Badwann eineplumst is. I sogs dir, des war brutal! De Teelich-

ter und de Rosenblätter san geflogen, wia wenns de Badwann gsprengt hätten! Des „ju" is in d'Kloschüssel einegfalln, weil do war da Deckel offen! Des hod direkt zischt. Da blanke Wahnsinn! Sie is dann in da Badwann dringsessen wia a Elefant. Gottseidank hodmas kaum gseng, weil da Lavendelschaum des meiste verdeckt hod. De Muada vom Heiratskandidaten is dann aa ins Bad eine und aso daschrocka, dass ihr d'Zigrettn in d'Badwann einegfalln is. Da Heiratskandidat selber war begeistert und hod gsagt „ Schantall, ich liebe dich"!

Sepp: Wahnsinn, blanker Wahnsinn! Lauter Deppen!

Kare: Und jetza pass aaf: Am naxtn Dog hob i am Fernseh a Dokumentation gseng über des Okowango-Delta, des is in Afrika. Und do war Trockenzeit und der Okowango, der war fast ausgetrocknet, es warn bloß no so Schlammtümpel do, Dreglöcher praktisch. Und dann kimmt a Nilpferd daher und hupft in aso a Dregloch eine, dass da Schlamm gspritzt is. Do hob i mir momentan denkt: „Des is doch a Wiederholung! De Szene hob i doch gestern erst gseng, bloß mit Teelichter und Rosenblätter, owa alles andere war gleich! Außer dass des Nilpferd gestern an Bikini anghabt hod!"

Sepp: Krass!

Kare: Des konnst laut song! I wenn des Fernsehprogramm aso oschau, i denk mir täglich: „Lauter Deppen!"

Sepp: Bei dem erfundenen Schmarrn koa Wunder! Do duats direkt guat, wennma zwischendurch amal Nachrichten oschaut, dassma woaß, wos in da realen politischen Welt passiert!

Kare: Im Prinzip is des wurscht, weil do denk i mir aa oft: „Lauter Deppen!"

Alles egal, Hauptsache digital

Die älteren von uns werden sich noch vage und schemenhaft daran erinnern:

In grauer Vorzeit – gefühlt war es die Epoche kurz nach dem abrupten Ableben der Dinosaurier, sie hieß soweit ich weiß Kreidezeit, weil man noch mit Kreide an die Tafel schrieb, da war es so:

Wenn man jemandem etwas mitteilen wollte, der fern von einem war, dann hat man auf Papier mit einem Handwerkszeug namens Kugelschreiber etwas draufgeschrieben, was man den in der Ferne Weilenden wissen lassen wollte. Dass man ihn oder Sie mag oder dass er endlich die Rechnung bezahlen soll oder sonstwas. Zur Veranschaulichung hat man noch ein Foto, das man mit einem Gerät namens Fotoapparat gemacht hatte, beigefügt. Halt, nein, das hat „man" nicht gemacht, denn das ging ja nicht, das hatte jemand anderer von einem gemacht, weil Selfies erst viel später erfunden wurden!

Das beschriebene Papier nannte man Brief, ein Begriff, der vielen jungen Menschen nicht mehr geläufig ist. Und den Brief steckte man in einen Umschlag. Datenschutz gab es zwar damals noch nicht, aber jeder brauchte es auch nicht wissen, dass der Erwin die Rosi liebt oder umgekehrt.

Rechts oben auf den Brief bickte (für coole junge Menschen: klebte) man ein kleines Bildchen namens Briefmarke. Da war der Adenauer drauf, die Angela Merkel der 50er und 60er.

Nach zwei bis drei Tagen erhielt der ferne Adressat erfreut, manchmal auch weniger erfreut, den Brief, las ihn, betrachtete interessiert das Foto und für mehrere Wochen sah und hörte man nichts mehr voneinander und erwartete frohen oder bangen Herzens den nächsten Brief. Und es war gut so, denn man muss ja nicht jeden Tag voneinander hören bzw. lesen.

Diese Urzeiten der menschlichen Kommunikation sind vorbei! Endgültig! Aber auch gottseidank?

Ich bin mir nicht sicher, ob die digitale Kommunikation in dieser Hinsicht einen Fortschritt darstellt. Ich bin mir eigentlich sicher, dass nicht!

Dank WhatsApp, Facebook, Twitter, Instagram und Co. erfahre ich in kürzester Zeit unheimlich viele Neuigkeiten, allerdings will ich den

Großteil gar nicht erfahren. Vor allen Dingen nicht ca. 20-mal täglich bzw. nächtlich!

Unlängst teilte mir ein flüchtiger Bekannter per WhatsApp voller Stolz mit, dass sein 2-jähriger Sohn soeben ein Pfund Spinat gegessen habe. Diese sensationelle Tat des Kindes untermalte er mit einem Bild, das den grinsenden Sprößling mit grünverschmiertem Gesicht zeigte!

Nicht genug damit, dass ich mir das ekelhafte Konterfei (wegen des Spinats, das Kind an sich ist zwar nicht auffallend schön, aber auch nicht ekelhaft!) anschauen und auch noch einen erhobenen Daumen als Kommentar zurücksenden musste: Er hatte das Bild auch noch im Facebook gepostet, damit alle Welt an der gesunden und eisenreichen Ernährung des Buben teilhaben konnte bzw. musste!

Ich dachte bei mir, wie frustrierend es für das Kind sein muss, wenn es in der Pubertät, in der man ohnehin etwas unsicher ist und sich für hässlich hält, selber im Facebook unterwegs ist und dann sieht, dass seine erste digitale Aktion dieses Foto war. Da braucht man sich dann nicht wundern, wenn Vater-Kind-Beziehungen schwierig werden oder wenn gar eine lebenslange Abneigung gegen Spinat oder die Grünen die Folge ist!

Apropos Beziehungen: Noch schlimmer sind die Beziehungsprobleme, die über Facebook vor den Augen der Welt und leider auch vor den meinigen ausgetragen werden! Las ich doch vor wenigen Wochen bei einer routinemäßigen Durchsicht der Facebook-Neuigkeiten die anklagenden Worte einer gewissen Jenny an einen gewissen Andy, der offenbar ihr Galan (für coole junge Leute: Stecher) ist: „Mein Schatz, wieso hast du am Samstag auf dem Feuerwehrball dauernd mit Chantal getanzt und mich nicht einmal angeschaut? Das hat mir voll weh getan! Mennoooo!" Den seelischen Schmerz, den ihr der ruchlose Andy zugefügt hatte, untermalte sie mit etlichen herzzerreißend weinenden Smileys (weinende Smileys, ein Widerspruch in sich!).

Ich war dermaßen psychisch aufgewühlt ob dieses Grobians, dass ich einen Kommentar abgeben musste, um das arme Mädel zu beruhigen. „Mensch Andy, reiß dich doch zusammen! Jenny hat das nicht verdient! Und Chantal ist eine Schlampe!", postete ich vorwurfsvoll. Ich darf hinzufügen, dass ich weder Jenny noch Andy kenne, Chantal sowieso nicht. „Jenny, tu dich nicht hinab!", fügte ich noch hinzu, „denn Andy ist und bleibt ein Depp! Der hat dich nicht verdient! Nimm lieber den Alois!" Auch den kenne ich nicht.

Gestern am späten Abend, es war 23.58 Uhr, erreichte mich über WhatsApp folgende Nachricht einer Bekannten: „Ich kann nicht schlafen, du auch nicht?"

„Jetzt nicht mehr!", antwortete ich wahrheitsgemäß, da mich der Klingelton (ich habe dummerweise eine Art Jericho-Posaune als solchen) aus einem süßen Schlummer gerissen hatte. Ich hatte gerade geträumt, dass ich ein Smiley sei mit einem Kussmund und einem zwinkernden Auge. Was? Das halten Sie für einen komischen Traum? Das ist noch gar nichts! Einmal träumte ich, ich sei die Zugspitze! Und einmal war ich die Zahl 12! Aber dies nur nebenbei!

Ganz üble Zeitgenossen sind auch diejenigen, die ihre mehr oder weniger geglückten kulinarischen Versuche öffentlich posten! Mehrmals täglich muss ich mir Bilder von Nudeln in Tomatensoße, zartrosa gebratenen Schweinefilets mit Kartoffelgratins, halben Gänsen und Enten, ganzen Schweinshaxen oder gar schleimigen Austern ansehen, nur weil meine sogenannten Freunde meinen, die ganze Welt müsse ihre Kochversuche begutachten. Den Vogel schoss einer ab, der einen frischgebackenen Leberkäse von rund zehn Pfund Gewicht ins Internet stellte und als Kommentar hinzufügte: „Mmhhh, gleich geht's los!" Was losging, weiß ich bis heute nicht, wahrscheinlich eine Art bayerische Orgie.

Da lobe ich mir diejenigen, die lediglich einen Kasten Bier posten mit dem Hinweis: „Prost!"

In solchen Fällen lasse ich mich gelegentlich sogar zu einem „Gefällt mir" hinreißen, je nach Biersorte und Brauerei!

Es ist unglaublich, womit man täglich, ja minütlich, digital bombardiert wird: Bilder von neuen Autos und alten Freunden, von kleinen Kindern und großen Tieren, von Swimmingpools am Urlaubsort und erotischen Erlebnissen am Abort. Was erotische Erlebnisse betrifft: Auf das, was mir in dieser Hinsicht manchmal an Bild- und Filmmaterial geschickt wird, will ich nicht näher eingehen, da auch Kinder meine Bücher lesen, was mich übrigens sehr freut!

Ich könnte noch viel darüber schreiben, bitte allerdings um Verständnis, dass ich jetzt zum Ende kommen muss. Warum? Weil ich muss mein Handy checken, vielleicht ist was Interessantes gekommen! Man kann nie wissen!

Tortur-Tour

Man möchte es nicht glauben, aber es ist eine Tatsache: Es gibt Männer in meinem Alter, so um die 55, die verfallen vor der Rente noch in einen totalen Jugendwahn! Die kaufen sich ein Tourenrad (ausdrücklich und absichtlich kein E-Bike!), weil man ihnen erzählt hat, dass man auf Radtouren junge, sportliche Frauen trifft, mit denen man eine nette Unterhaltung hat und das ist ja bekanntlich gut für das männliche Ego, besonders für das nicht mehr sooo junge und bandscheibengeschädigte männliche Ego.

Das glauben Sie nicht, dass es solche Deppen gibt? Ich schwöre es, solche gibt es! Ich zum Beispiel bin ein solcher!

Ich hab mir im biblischen Alter von 56 Jahren ein Tourenradl gekauft für den Sonderpreis von unter 2000 Euro, nämlich 1.999 Euro, denn ich hab den Händler runtergehandelt um 1 Euro! Und ich hab dafür noch eine Plastikflasche für ein isotonisches Getränk im Wert von 4,95 Euro dreinbekommen, weil ich so ein gerissener Herunterhandler bin!

Ein isotonisches Getränk braucht man, weil durch das Schwitzen auf der Radtour entzieht man dem Körper Mineralien und das ist gefährlich ohne Ausgleich, grad bei Männern um 55! Weil allein durch die Tatsache, dass man öfter bieseln muss, gehen lebenswichtige Mineralien und Spurenelemente verloren! Mein isotonisches Getränk hört auf den Namen Weißbier.

Dann braucht man natürlich auch das entsprechende Outfit, damit man gut ausschaut, vor allem jünger als um 55! Die Radlerhose, die Radlerjacke, das Radlershirt, die Radlerschuhe, die Radlerhandschuhe haben insgesamt 319 Euro gekostet – durch Handeln, eigentlich 320! Auf der Radlerjacke steht hinten drauf „I like 2 bike", voll stylisch! Das ist Englisch und heißt „I mog Radlfohrn"!

Und weil mit einem Schädelbruch nicht zu spaßen ist, habe ich mir noch einen Helm gekauft für 69 Euro (eigentlich 70, runtergehandelt) mit der coolen Aufschrift „rocket". Das ist auch Englisch und heißt Rakete.

Als mich meine Frau zum ersten Mal in voller Montur gesehen hat, hat sie gesagt, ich mache mich lächerlich, fast schon zum Deppen! Aber die kann da nicht mitreden, weil sie fährt nicht Radl.

An einem sonnigen Samstag dachte ich mir: „Etza is soweit, heit mach i a Radltour, mei allererste! Und zwar gleich von Furth im Wald nach

Cham, die volle Härte!" Das sind nämlich unglaubliche 20 Kilometer, zurück auch in etwa so viel.

Als ich das Outfit komplett anhatte, musste ich bieseln und stellte bei dieser Gelegenheit fest, dass eine Radlerhose kein Hosentürl hat, weshalb das Ent- und Ankleiden länger dauerte als das Bieseln, was auch nicht mehr so schnell geht wie früher.

Daraufhin sprach ich zu meiner Frau: „So, i hau jetza ab! Cham und zurück, in ca. 1,5 Stunden bini wieder do!" „Spinnst du?", sagte sie, „1,5 Stund für 40 Kilometer? Des schaffst du nie!" „Weib", hobi gsagt, „schweig! Du host koa Ahnung ned, wia sportlich dass i bin! I mach scho seit drei Wochen heimlich Konditionstraining, täglich 12 Liegestützen, manchmal 13!"

„Heimlich Konditionstraining!", sagte sie herablassend, „du bist eher unheimlich matt! Nimm's Handy mit, falls du an Kollaps kriagst oder falls di wirft!"

„So ein Schmarrn!", antwortete ich, „Kollaps! I nimms mit, owa bloß, dass i a Selfie macha konn, wenni in Cham bin! Des schicki dir dann als Beweis meiner Sportlichkeit! Und werfa duats mi sowieso ned!"

Sie hat abfällig den Kopf geschüttelt und ich bin ab in westlicher Richtung. Nach ca. 2 Minuten hatte ich Durst und habe das isotonische Weißbier in der Plastikflasche ex ausgetrunken. Ich dachte mir, notfalls kann ich ja auf der Strecke in einem Wirtshaus nachfüllen.

Ca. 8 Kilometer nach Furth im Wald wurde mir das unsportliche Fahren auf dem brettlebenen Radweg zu eintönig und ich erblickte linker Hand einen Hügel, auf den ein Flurbereinigungsweg führte. Diese lächerliche Herausforderung kam mir wie gerufen und ich sagte laut vor mich hin: „Den Bugl packi dant!" Sollte jemand unter den jugendlichen oder auch außerbayerischen Lesern den uralten Ausdruck „dant" nicht verstehen: Das heißt so viel wie locker, ohne jegliche Anstrengung, dant halt.

Gesagt, getan – ich bog links ab und fuhr den Flurbereinigungsweg, welcher durch Odelflecken farblich aufgelockert war, hinauf. Bereits nach ca. 12 Metern stellte sich heraus, dass der Hügel von der Steigung her gar kein Hügel war, sondern ein Berg, ein hinterlistiger Berg quasi, der sich als Hügel getarnt hatte. Einige Minuten später wurde ich immer kurzatmiger und ich schwitzte und fuhr Zickzack, damit die Steigung erträglicher wurde. Doch auch dies nützte nichts. Ich beschloss, abzusteigen, da mir schon ganz schwummrig war.

Und genau in dem Moment, in dem in mir der Entschluss gereift war, abzusteigen, hörte ich hinter mir eine Fahrradklingel klingeln und eine sehr junge weibliche Stimme, die in mitleidigem Ton zu mir sprach: „Obacht! Aus den Bahn!"

Ich drehte mich mit rotem und schweißtriefendem Kopf um und erblickte eine junge Frau, die selbst mit Fahrradhelm noch sehr attraktiv aussah und ließ meinen Entschluss, abzusteigen, schlagartig fallen. Vor diesem süßen Wesen kann man sich als Mann keine Blöße geben, selbst wenn es das Leben kostet!

„Geht's ebba nimmer?" fragte sie besorgt.

Nach kurzem Husten und längerem Luftholen keuchte ich: „Lo...lo... locker!"

„I moan nur", sagte sie, „weil Sie zickzack fahrn! Geht's Eahna guat?"

Ich musste wieder Luft holen, um in einem ganzen Satz antworten zu können. „I fahr bloß zickzack, weil dann hobi länger wos von dera wunderbaren Landschaft! Weil wennma zickzack fährt, dann wern aus zwoa Meter ca. fünf, also fast a Verdoppelung!"

„Achso! Ja dann!"

„Und überhaupt, *(husten, Luft holen, Schweiß aus den Augen wischen)* unter Sportkameraden gibt's koa Sie! I bin da ..., i bin da ..., wer bin etza i schnell wieder?" Leider hatte ich kein Ausweispapier zum nachschauen dabei, aber es fiel mir gottseidank trotz körperlicher Überanstrengung auch so wieder ein: „Toni! Da Toni bini, freilich!"

„Und i bin die Sabine!"

„Servus Sabine!" *(Versuch eines souveränen Lächelns, der wegen eines Hustenanfalls misslingt)*

„Servus Toni! Du, fahrma auffi miteinander! Schaffstas bis ganz oben? I fahr de Streck öfter, es san ungefähr no 800 Meter, dann samma oben in Walting *(ziemlich hoch gelegener Ort im Landkreis Cham)!"

Ich überlegte kurz, ob ich mit ihr hinauf fahren und dann wahrscheinlich sterben sollte oder absteigen und leben. Ich entschied mich fürs Sterben und drückte ein „Ja freilich, packmas midanand!" heraus. Ich selber hörte mich gar nicht sprechen, weil meine Ohren extrem pfiffen, ich glaube das nennt man Spontan-Tinnitus aufgrund körperlicher Extrembelastung.

Ich weiß bis heute nicht wie, aber ich habe es tatsächlich geschafft. Relativ bewusstlos kam ich mit Sabine in Walting an. Ich sah mehrere tanzende Lichter vor meinen Augen und rechnete sekündlich mit einer Ohnmacht. Von der Landkarte her waren wir auf 550 Meter Meereshöhe, von meiner Atemtechnik her im Mount-Everest-Basislager. Sie nahm kurz den Helm ab und ich hätte ihre Schönheit nun in voller Pracht bewundern können. Dies war mir aber nicht möglich, da ich alles verschwommen sah, vermutlich durch Dehydrierung, da ich ja mein isotonisches Weißbier bereits zwei Minuten nach dem Start ex ausgesoffen hatte, um es salopp zu sagen.

Im Dämmerzustand hörte ich noch, wie sie zu mir sagte: „Hut ab Toni, starke Leistung! Ich fahr jetzt noch auf den Haidstein, fährst mit?" Zur Erläuterung für die Leser, die in unseren Gefilden nicht ortskundig sind: Der Haidstein ist ein Berg, der sich in der Nähe von Walting befindet und dessen Gipfel noch ca. 200 Meter höher liegt als Walting, also gefühlt auf ca. 6000 Meter für mich.

So sehr mich Sabines weitere Gesellschaft gereizt hätte, den hundertprozentigen Tod wollte ich dann doch lieber vermeiden und ich hörte mich sagen bzw. keuchen bzw. lügen: „Naa, danke, i war heit scho am Arber!"

„Ja dann", sagte sie anerkennend, „dann host ja heit des deine scho geleistet. Tschühüüüs!" Sie setzte den Helm wieder auf und weg war sie, wie ein schöner Traum.

Keine Sekunde zu früh, denn kaum war sie außer Sichtweite, musste ich brechen, speim praktisch. Trotz Dehydrierung kam erstaunlich viel aus mir heraus und der Waltinger Dorfplatz war unfreiwillig ziemlich verschmutzt.

Nach notdürftiger Reinigung (mich, nicht den Dorfplatz!) beschloss ich, der körperlichen Überhitzung und dem Flüssigkeitsmangel ein Ende zu bereiten, wankte in das angrenzende Wirtshaus und bestellte ein Wasser zur Kühlung und ein Radler zur Flüssigkeitsauffüllung.

In meinem immer noch schwummrigen Zustand verwechselte ich die Gläser, trank das Wasser in einem Zug aus und schüttete mir das Radler über den Kopf.

Kühlung brachte beides, innerlich und äußerlich, und mir war schlagartig wohler. Doch dann kamen die Wespen! Der süßliche Geruch des Radlers hatte scheinbar die gesamte Waltinger Population dieser lästigen Insekten angelockt und sie fielen über meinen süßen Kopf her. Fluchtartig bestieg ich mein 1999-Euro-Rad, vergaß den Helm im Wirtshaus und fuhr links steil bergab in Richtung Arnschwang. Durch das starke Gefälle war ich bzw. mein Fahrzeug vorübergehend schneller als die Wespen und der aggressive Schwarm hatte das Nachsehen.

Doch nicht lange: Unten auf der Ebene wurde ich logischerweise wieder langsamer und sie holten mich ein und taten mir sehr weh. Ich habe sowieso keine besondere Zuneigung zu diesen gelb-schwarz gestreiften Wesen – Wespen, Hornissen, Borussia Dortmund –, aber an diesem Tag hatte ich eine regelrechte Abneigung!

Zerstochen und mit vom Radler verklebten Resthaar kam ich zuhause an. Meine Frau sah mich an und fragte: „Ja, um Himmels Willen, wie schaust denn du aus?"

Ich sagte: „Die roten Flecken keman vo da Anstrengung! Owa es hodse rentiert, denn wie du siehst, hobes aaf 1,5 Stunden gschafft! Und etza dusch i mi!"

Dann ging ich ins Bad, um leise zu weinen, weil ich so ein Depp bin. Morgen hole ich meinen Helm aus dem Wirtshaus, mit dem Auto.

Hacker Franz

Kare: Dere Sepp! Kennst du'n Hacker Franz?

Sepp: No freilich! Da Hacker Franz! Sei Sohn geht ja mit meiner Tochter!

Kare: A geh?! Du, hod der a recht a aggressive Verwandtschaft in München?

Sepp: Ned dass i wüsst! Wia kimmst aaf des?

Kare: No, weil doch heit in da Zeitung steht: „Hacker-Angriff auf Computerzentrum in München!"

Richtige Ernährung

Kare: So, endlich is firte, mei Tochter! Etza is staatlich geprüfte Ernährungsberaterin!

Sepp: Gratuliere! Und? Hods di scho beraten?

Kare: Jawoll! Und man möchts ned glauben, wos alles schädlich is! Fettes Essen zum Beispiel!

Sepp: Des war mir klar, alle Dog a Schweinshaxn, des is aaf Dauer nix!

Kare:	Owa aa Sachen, woma moant, de waarn gsund, san bedenklich!
Sepp:	Ehrlich? Wos zum Beispiel?
Kare:	Gemüse!
Sepp:	Gemüse? Des gibt's doch ned!
Kare:	Doch! De sagt, wennma aaf d'Nacht vorm Bettgeh viel Gemüse isst, dann blahts eam im Bett brutal! Und des Gemüse gärt und wenns dumm geht, greifts d'Leber o!
Sepp:	Do segstas wieder!
Kare:	Und Obst is aa nix, wennmas übertreibt! Weil da Fruchtzucker is aa a Zucker, wie der Name scho sagt. Und zu viel Zucker is fürn Körper ned guat!
Sepp:	Do schau her! Dann liegen mir ernährungstechnisch scho seit Jahren instinktiv richtig, indem dass mir liawa a Bier trinka!
Kare:	I hobs scho allaweil geahnt!

Weisheit des Alters

Kare:	Morgen is wieder Vatertag!
Sepp:	D'Zeit vergeht!
Kare:	Mei, woaßtas no, früher? Do samma am Vatertag stundenlang vo Wirtshaus zu Wirtshaus ganga, hamma überall a Mass trunka und aaf d'Nacht hamma an drumm Zinterer ghabt und am naxtn Dog an blädn Schädl!
Sepp:	Jaja, aso wars früher, wiama no jung warn, den ganzen Dog vo Wirtshaus zu Wirtshaus grennt und einegsuffa wia d'Ochsen! So bläd samma heit nimmer!
Kare:	Naa, so bläd samma nimmer! Heit fohrma mitm Taxi vo Wirtshaus zu Wirtshaus!

Nebulös

Kare: Also der Oktober, des is scho a bläds Monat. So frustrierend irgendwie.

Sepp: Frustrierend?

Kare: Ja, wega dem Nebel! Grad in da Friah isa oft dermaßen dick, dass du kaum wos segst!

Sepp: Und des frustriert di aso?

Kare: Total! Weil i hol allaweil um Punkt 6 Uhr 20 d'Zeitung eina vom Gartentürl und da is oft eine dermaßen Nebelsuppn, des is für mi Frust pur!

Sepp: Des versteh i ned. Warum is des Frust pur? Des is doch wurscht.

Kare: Des is eben ned wurscht! Weil mei junge Nachbarin holt aa jeden Dog um Punkt 6 Uhr 20 ihra Zeitung, im Negligee! Und bei dem Nebel seg i praktisch nix davo!

Unangenehm

Kare: Ha, dass i so bläd schau!

Sepp: Noja, da Scheener bist ned grad, owa direkt bläd schaust aa ned!

Kare: I moan ja ned in echt, sondern aaf Fotos! I schau do dermaßen bläd! Gestern hob i mir neie Passfotos macha lassen, weil i an Reisepass brauch. Do, schau dir des Foto o, wia i bläd schau!

Sepp: Stimmt, ziemlich bläd! Deutlich bläder wia in Natura!

Kare: Genau! Und aaf Familienfotos, do schau i no bläder! An wos liegt des bloß, dass i do so bläd schau?

Sepp: Woaßt wos? I schätz, des liegt daran, dass dir de Situation insgesamt unangenehm is, wennst fotografiert wirst. Und dann schaust automatisch bläd.

Kare: Unangenehm? Du, des stimmt! Weil aaf Blitzerfotos, do schau i am allerblädern!

Berufswunsch

Tante Theres: Da Bua vo unsern Nachbarn is fei jetza aaf Hamburg zogen!

Neffe Rudi: Aaf Hamburg! Warum?

Tante Theres: Es is beruflich! Weil er sagt, do san de Aussichten für sein Traumberuf am besten!

Neffe Rudi: Ehrlich? In Hamburg?

Tante Theres: Ja, weil er sagt, den Beruf, den gibt's bei uns im Boarischen Wald praktisch gar ned!

Neffe Rudi: Ned? Wos will er denn nacha werden?

Tante Theres: Genau woaßes aa ned, irgendwos mit Auto.

Neffe Rudi: Mit Auto? A Automechaniker?

Tante Theres: Naa, koa Automechaniker. A Ding will er werden, a Ding ..., a Autonomer!

Betriebsausflug

Kare: Hostas aa scho ghört? Es gibt allaweil weniger Betriebsausflüge, de keman aus da Mode!

Sepp: Mi wundert des ned. Also wega mir braucherts koan Betriebsausflug ned.

Kare: Ned? Warum denn ned? Is der bei eich ned schee oder wos?

Sepp: Ach, mi nervt des! Weil beim Betriebsausflug, do sitzen allaweil de gleichen beinander, de im Betrieb aa beinander sitzen! Do brauch i koan Betriebsausflug ned, wenn dann wieder de gleichen beinander sitzen!

Kare: Des stimmt, des is scho bläd! Is do bei eich im Betrieb aso a Rudelbildung?

Sepp: An dem liegts ned. I glaub, es liegt eher do dran, dass mir bloß a 3-Mann-Betrieb san.

Auf Kur

Früher wars aso, dass bloß Leit aaf Kur ganga san, de krank warn. Heitzudogs gehen fast alle, bloß i war no ned. I hob mir denkt, dass des eigentlich ungerecht is und entschieden, dass i aa a Kur brauch.

Owa man muass do vorsichtig sei, weil des konn schiefgeh! Nämlich wega dem Grund für de Kur. Weil wenn man wega einem körperlichen Gebrechen aaf Kur geht, dann besteht die Gefahr, dassma aaf Diät gsetzt wird, und des is ja ned der Sinn der Sache und außerdem ned angenehm. Weil wia sollst di denn erholen, wenn di hungert!

Drum hob i beschlossen, dass i aaf Kur geh, weils im Kopf fehlt bei mir und ned im Körper. I bin zum Psychologen ganga und hob zu eam gsagt: „Herr Diplpsych, i brauch a Kur! Und zwar is des bei mir a Kopfsach, körperlich fehltse nix! Im Kopf fehlts größer!"

„Und wie äußert sich das, Herr Lauerer", hod er gfragt, „wie muss ich das verstehen mit der Kopfsache?"

„Es is aso: I bin Beamter und konn ned eischlaffa! Auch dahoam ned!"

„Und in der Arbeit?"

„Aa ned! Des is ja des! Kaum schlummere a bissl dahi, rennt jemand ohne Anklopfen in mei Büro eine und i schreck hoch! Neulich, a war grad a wenig weggedöst, reißt oaner d'Tür aaf! Sie, i bin dermaßen daschrocka, dass i mit der rechten Hand den ganzen Ständer mit de Stempel umghaut hob! Und i hob 34 Stempel!"

„Tatsächlich?"

„Wennes Eahna sog! De Stempel san durchs ganze Büro gflogn! Des war eine Heidenarbeit, de wieder zammzuklauben! Und dann de ganzen Finger blau vo dera ekelhaft Stempelfarb, de geht ja nimmer weg! I bin dagsessn und hob zu dem Azubi, der de aufklauben hod miassn, gsagt, dass er mir direkt leid duat!"

„Aha! Und darum können Sie nicht einschlafen?"

„Unter anderem! Owa es is nix Körperliches, mehr psychisch, vom Kopf her! Es is aso: I lieg in der Nacht im Bett und da Körper is saumiad und will schlaffa. Owa da Kopf lasstna ned, der denkt dauernd, der dumme Schädl! I kannt narrisch werden, ehrlich! I hob oft scho gsagt, mitten in da Nacht: ‚Kruzenäsn, bläder Kopf! Gib amal a Ruah!' Owa des hilft nix! Der Depp denkt und denkt, in oaner Tour! I daad wirklich gern des Denka aafhörn, owa denkste!"

„Herr Lauerer, das ist für mich eindeutig: Sie können nicht abschalten, das ist es!"

„Genau! Sie sagen es, des is des! I konn ned abschalten! Und in da Friah bini dann so gerädert, dass i ned eischalten kann, des is direkt a Fluch mit dera Schalterei bei mir! Wos machma da?"

„Herr Lauerer, ich sage es Ihnen, wie es ist: Sie brauchen eine Kur!"

„Gell, des sagen Sie aa! I hobmas scho denkt! Wia lang daadn Sie sagen?"

„Drei Wochen müssten reichen, um das Abschalten wieder zu lernen!"

„Drei Wocha? Des passt! Drei Wocha san ideal! Und gell, körperlich fehlt mir nix!"

„Jaja, schon klar, körperlich ist alles im Lot!"

„I moan bloß, wega da Diät!"

„Welche Diät?"

„Ned dass Sie aaf des Rezept ebbs in Richtung Diät draufschreiben, des waar mir ned recht!"

„Nein nein, Herr Lauerer, Diät hat mit abschalten nichts zu tun!"

„Gottseidank!"

Dann hod da Diplpsych mir a dreiwöchige Kur verschrieben und i bin hoam und hob zu meiner Frau gsagt: „I geh jetza drei Wocha aaf Kur! Mir fehlts im Kopf!"

„Warum?"

„Weil i ned eischlaffa konn!"

„Arbeit wos, dann konnst eischlaffa! Da Rasenmäher ghört gricht, d'Garage ghört ausgweißt und drei Latten vom Gartenzaun ghörn scho seit zwoa Jahrn austauscht!"

„Erstens san des typische Frauenarbeiten und zwoatens hod des mit dem nix zu tun! Da Grund is nämlich ned wos Körperliches, sondern da Grund is vom Kopf her, weil i ned abschalten konn! Des hod da Diplpsych gsagt, und der is a Profi! Da als psychischer Laie host keine Ahnung! Bei mir fehlts vom Kopf her, des is eindeutig!"

„Dass bei dir vom Kopf her fehlt, des war mir klar!", hods gsagt, owa de kennt sich ned aus!

Dann bini aaf Kur gfahrn. I sag etza nach Bad Dingsbums, weil i will koa Schleichwerbung macha. Wia i okema bin, war i glei baff: Des war ein riesiger Komplex, ebbs wia a Hotel, bloß viel größer. Am Eingang is a drumm Schild gstandn mit der Aufschrift: „Psychosomatik, Wellness & Beauty". Mit mir gemeinsam is no oaner okema, der war mir aaf Anhieb sympathisch, weil des war a lustiger Bursch mit an robusten Humor. Wia er an da Eingangstür glesn hod „Willkommen! Sie kommen mit Ihrem Problem, lassen es bei uns und fahren ohne Problem wieder ab", do hod er zu mir gsagt: „Des wenn i gwisst hätt, dann hätt i mei Alte mitgnumma!"

„Mei liawa, du bist ja a ganz a Hirter!", hob i gsagt zu eam, „i bin da Toni, Beamter, i konn ned abschalten! Wega wos bist du do?"

„I bin da Rudi vo Passau", hod er gsagt, „Fernfahrer, Bandscheibe!"

„Oweh, Bandscheibe! Des is ned angenehm, des duat verdammt weh, gell?"

„Du bistma sympathisch", hod er gsagt, „drum sog i dir die Wahrheit. Mir fehlt eigentlich nix, owa es is aso: Mei Wei hod a Laktoseunverträglichkeit, mei Tochter is 16 und vegan, mei Sohn is gega alles allergisch, wo a Vokal drin is und mei Schwiegermuada, de wohnt aa bei uns, de hod Zucker. Etza konnst dir vorstelln, wos bei uns dahoam zum essen gibt! Do gfreit di's Leben nimmer! Bis vor kurzem hob i no ab und zu unserm Hund wos aus da Schüssel aussa, owa der hod jetza Koliken und kriagt aa nix Gscheits mehr. Drum hob i mir denkt, i geh aaf a Kur und hau mi wieder amal drei Wocha gscheit voll!"

„Rudi, des versteh i! Wia gsagt, i kann ned abschalten. Und des is da Grund, dass i ned eischlaffa kann, es is brutal! Des is a Kopfsach!"

„Toni, des is doch koa Problem! Trink vorm Bettgeh 3 bis 7 Halbe Bier, dann schlafst du wie ein Ratz! Und stell dir an Kasten Bier nebas Bett, falls du in da Nacht wach wirst, konnst glei wieder nachfüllen, und bis du schaust, bist wieder im Tiefschlaf! I sog allaweil: Geh ins Bett und sauf, dann wachst so schnell ned auf!"

„Rudi, spinnst du", hobi gsagt, „des geht doch ned! I konn doch in da Friah ned stockbsuffa ins Büro geh!"

„Do host du aa wieder recht, du als Beamter konnst dir des ned erlauben! Do dua i mi als Fernfahrer wieder leichter!"

„Wos??? Do is ja no schlimmer!"

„War a Witz, Toni! I mach ab und zu gern an Joke, woaßt! I sog allaweil: A Joke muass außa, sunst zreißts di! So, und jetza gemma eine in den Palast und meldma uns o in dem Kuratorium!"

Dann samma eine. Es war der Wahnsinn! Der Empfangsraum vom Feinsten – Marmor, Stuckdecken und in da Mittn a Springbrunnen! Dann so indische Musik, „Kalkutta liegt am Ganges" oder so ähnlich, mir warn echt beeindruckt!

„Mi läckst", hod da Rudi gsagt, „bei denen spielt Geld keine Rolle! Do hammas guat dawischt, daad i sagen! Gema glei an d'Rezeption!"

„Rudi", hob i gsagt, „geh du derweil hi, i konn momentan no ned! Des Pritscheln vo dem Springbrunnen, des wirkt aaf mi animierend!"

„Animierend? Wia animierend?"

„Bieseln muassi!"

„Dann geh, i wart aaf di!"

I bin aafs Klo, des war aa marmoriert und do hods gschmeckt wia in da Parfümabteilung. Neba mir hod oaner bieselt, der war beeindruckend. I bin aa ned schlank, owa der war echt wampert! I daad schätzen 180 Kilo plus X. Den hod des Bieseln dermaßen angstrengt, dass er direkt gschnauft hod. Dann draht er sich zu mir her und sagt: „Derf i mi vorstellen, Dürr ist mein Name!" I hob mir denkt, wenn des da Dürr is, dann möcht i den Dick ned seng!" Er wollt mir dann no d'Hand gem, owa des hob i dankend abgelehnt, weil sowos muass beim Bieseln ned sei.

„Mei liawa, Herr Dürr", hob i gsagt, „wenn i Eahna aso oschau, i daad sagen, do wird's Zeit für a Kur!"

„A geh, segtma mir des an, dass i a Kur brauch?"

„Ja, des segtma!"

„Segtma des, dass i an Burnout hob?"

„An Burnout hamms? Ja, natürlich, des hob i mir sofort denkt! Sie schaun ganz ausbrennt aus!"

„Gell, des song Sie aa! Wos fehlt Eahna?"

„I konn ned abschalten, ned ums Verrecka!"

„Jaja, so hat jeder sei Packerl zum tragen!"

I hob mir denkt, dass des bei mir vielleicht a Packerl is, bei eam eher a Container. I war dann fertig und bin auße zum Rudi, da Dürr hod schnaufend weiterbieselt. Da Rudi hat sich scho angemeldet ghabt und hod zu mir gsagt: „I hob a Doppelzimmer, mit an gewissen Dürr!"

„Um Gottes Willen!", hob i gsagt, „do wünsch i dir alle Gute!"

„Warum? Kennst du den?"

„Rudi, i sog bloß oans: Pass auf, dass der di in der Nacht ned frisst!"

„Wieso?"

„Des wirst nacha scho seng!"

Da Rudi hod den Kopf gschüttelt und hod gsagt: „Jetza meld di o, dann schauma uns um, wos do geboten is aaf dera Psycho-Ranch!"

I bin an d'Rezeption, hob mei Krankenversicherungskarte da Rezeptionistin geben und hob gsagt: „Mein Name ist Toni Lauerer und i konn ned abschalten!"

„Das freut mich sehr!", hods gsagt.

„Wos? Dass i ned abschalten konn?"

„Nein, dass Sie privatversichert sind!"

Des war mir klar, weil des hör i öfter, wenn i beim Doktor bin. Mir hamm dann unsere Zimmer bezogen und dann samma miteinander auße und hamm uns des Gelände ogschaut. War ned schlecht, mords gepflegt. Irritiert hod mi bloß aso a Hindernisparcour, der war so ähnlich wia bei da Bundeswehr. „Rudi", hob i gsagt, „miassma mir do drüber über de Hindernisse?"

„Ach wo", hod er gsagt, „mir samma ja krankgschriem!" Do war i dann beruhigt.

Um sechse aaf d'Nacht war Abendessen. Da Rudi und da Dürr san bei mir am Tisch gsessn – eigentlich wars a Tisch für vier Personen, owa da Dürr war praktisch zwoa Personen, drum warma bloß zu dritt.

De Speisenauswahl hod mi dann direkt a wenig enttäuscht: Es hod bloß Putenschnitzel natur geben und Scholle. Da Dürr hod gsagt: „I hobs scho geahnt, dass do nix zum Essen gibt, drum hob i mir drei Stangen Salami mitgnumma, für jede Wocha oane! Weil a Mangelerscheinung bei da Kur, des is nix!"

Da Rudi hodna gfragt, ob er eam dann eventuell a bisserl a Salami geben könnte am Zimmer, als Dessert praktisch, owa da Dürr hod spontan gsagt: „Eher ned! Drei Stangen is eh ned viel!"

„Wos Schweiners habts ned?", hob i d'Bedienung gfragt.

„Nein, kein Schwein!"

„Owa i waar fei privatversichert!"

„Das tut nichts zur Sache", hods gsagt, „Schweinefleisch ist der Gesundung nicht zuträglich!"

Dann is furt und da Rudi hod gsagt: „Red de gschwolln daher! Nicht zuträglich, aso a Schmarrn!"

Da Dürr hod dann vorsichtshalber vier Putenschnitzel gessn und a guads Kilo Scholle, dass er ned kollabiert. Salat hods vom Büffett geben, owa lauter Glump: Gurken, Tomaten, Rettich, Sellerie, Brokkoli und Paprika! Weder Fleisch- noch Wurst- noch Nudel- noch Erdäpfelsalat, des war voll armselig, des Salatbüffett, zum Derbarma! Aaf Salat hod da Dürr komplett verzichtet, weil er hod amal glesn, dass Gemüse am Abend im Darm gärt und des schädigt die Leber, a Fettleber is do bsonders gefährdet und so oane besitzt er!

„Rudi", hob i gsagt, „des is fei ned des Wahre! Wia soll do da Mensch gsund wern, wenn er nix Gscheits zum essen kriagt? I bin fei scho einigermaßen enttäuscht, grad als Privatversicherter!"

„Toni, reg di ned aaf!", hoda gsagt, „schau ume in den andern Speisesaal, da wo die Verdammten sitzen, die Magen- und Darmgeschädigten! Gega de samma ja mir no im kulinarischen Paradies!" Und do hod er fei recht ghabt! I hob in den Speisesal der Verdammten einegschaut – also des war echt brutal! Do hods ausgschaut wia im Raiffeisen-Lagerhaus, wenn de Landwirte im August des Getreide anliefern: Körner aller Art, Hafer, Kleie, lauter so Zeig hamm de zum essen kriagt! Zum trinka an Fencheltee oder a Mineralwasser still, also praktisch nix!

Mei, wos willst macha, mir hamm dann wohl oder übel des Putenschnitzel und a wenig an Salat gessn und mit an alkoholfreien Bier owegschwoabt und da Dürr hod gsagt, er gfreit sich scho aaf sei Salami im Zimmer, weil de paar Putenschnitzel und des Fischzeigs, des sättigt ned im Geringsten.

Im Anschluss an des sogenannte Abendessen hod uns dann da Chef vo dem Kurzentrum begrüßt, a gewisser Prof. Dr. Hannes Schinder, da Schinderhannes praktisch! Er hod gsagt, dass drei herrlich entspannte Wochen vor uns liegen, dass wir des genießen sollen und dass er uns wünscht, dass wir lernen, abzuschalten. „Des is für mi ganz wichtig!", hob i gsagt, „weil da Diplpsych hod gsagt, i konn ned abschalten!"

„Na sehen Sie", hoda gsagt, „dann sind Sie bei uns goldrichtig! Übrigens, und das gilt für alle: Bitte die Handys abschalten! Denn Handys sind ein Stressfaktor!" „Meins is a Samsung!", hod da Dürr firegschrian. A glatter Depp! A Wampm wia a Nilpferd und a Hirn wia a Muck! I wollt an Gag macha und hob gsagt: „I hob mei Handy ned dabei, owa i ruaf sofort mei Frau o und sag ihr, sie solls abschalten!" Owa da Schinder hod mein Gag ned kapiert. Er hod dann gsagt: „Sie dürfen sich auf morgen freuen! Denn morgen kommt der Körperbewusstseinsspezialist Jörn Winzheimer! Dieser Mann ist eine Kapazität!"

I wollt wieder an Gag macha und hob gsagt: „A Konifere praktisch!" Des hoda wieder ned kapiert und hod gsagt: „Das heißt Koryphäe!" Dann bin i vor de andern dagstandn wie ein Idiot, der zu dumm is, a Fremdwort richtig auszusprechen! Mir samma dann in unsere Zimmer und da Dürr hod no 5 Schollen mitgnumma, weil de san übrigbliem und er hod gsagt, am naxtn Dog sans hi und des waar ewig schad. I hob guat gschlaffa und hobma denkt: „Schau her, de Kur wirkt scho am ersten Dog!"

Gutgelaunt und frisch rasiert bin i dann am zweiten Kurtag zum Frühstück ganga, da Rudi is scho unten ghockt.

„Wo is denn da Dürr?", hob i den Rudi gfragt.

Der is dann glei voll aggressiv worn: „Der is in da Dusche hängen bliem", hoda gsagt, „und vo mir aus hängta do no länger! I hilf eam ned!"

„Ja Rudi, wos bist denn du für a Unmensch? Des konnst doch ned macha, den Dürr einfach hängen lassen!"

„Des is mir wurscht! Der hod mi in da Nacht dermaßen aafgregt! Der hod gschnarcht wia a Motorsäg, i hob keine Minute gschlaffa! Der soll hängen bleim! Wenn er drei, vier Dog hängt, dann nimmt er ab und fallt vo selber aussa! Und wenn ned, dann soll er drin bleim, der Dolde, der wamperte!"

„Mir is ja des wurscht", hob i gsagt, „owa christlich is des ned!"

„Aso schnarcha is aa ned christlich!"

I wollt dann aa nimmer weiterdiskutiern und mir hamm gfrühstückt. Des Frühstück war ned grad da Renner: Vollkornprodukte aller Art, a Putenwurst und a Kaas light, sogar da Buda war light, wenigstens war da Kafä ned koffeinfrei, sunst hätt i mi beschwert beim Schinderhannes. Owa wia i dann im Saal der Verdammten bzw. Verdarmten wieder des Getreidesilo gseng hob und den Fencheltee, dann war i wieder zufriedener.

Nach dem Frühstück samma alle in den ersten Stock zum Körperbewusstsein. „Body & Soul" is aaf da Tür vo dem Saal gstandn. Mir warn 12 Männer und 8 Frauen, owa in Richtung Kurschatten war nix dabei, im Gegenteil!

Wia mir scho alle drin warn, is da Dürr dahergwalzt, im pinken Trainingsanzug, wo hintn „JUMBO" draufgstandn is und scho durchgschwitzt, wahrscheinlich vom Kampf mit der Duschtür. Dann schau i den Dürr genauer o und denk mir, mi trifft da Schlag!

„Herr Dürr!", hob i gsagt, „um Gottes Willen! In dem Zustand gehen Sie zur Körperbewusstseinsübung? San Sie verruckt? Do san Frauen anwesend und Sie laffa hocherregt do rum! In dem dünnen Trainingsanzug segtma doch alles! Ja pfui Deifl!"

„Sie täuschen sich", hoda gsagt, „i hob bloß a Stang Salami in da Hosentasche, falls mi da Hunger überkimmt!" I war dann halbwegs beruhigt, owa es hod trotzdem unmöglich ausgschaut, peinlich! De Frauen hamm alle kichert.

Dann isa kema, da Jörn Winzheimer, die Konifere auf dem Gebiet des Körperbewusstseins! Wos hoaßt kema – erschienen is der, in den Saal geschwebt! Sei Körper war sportlich hart, owa sei Stimm voll woach, fast mit an weiblichen Touch. „Hallo zusammen!", hod er geflötet, „ich bin der Jörn! Wir reden uns alle mit Du an, denn die Frage, ob Du oder Sie, der Zweifel, die Unsicherheit, das kostet wertvolle Energie, die wir so notwendig brauchen, um wieder ins Reine mit uns zu kommen!"

„Der is guat", hod da Rudi zu mir umagflüstert, „er hod zwar an Vogel, owa er is guat!" Da Rudi hod übrigens an Trainingsanzug anghabt vo Eintracht Braunschweig, woaß da Deifl, warum. Als Passauer!

Mir samma alle dogstandn und hamma bläd gschaut, dann hod da Jörn gfragt: „Wer kennt seinen Körper?"

Kein Schwein hod sich gemeldet, null Antwort von niemandem, alle hamm no bläder gschaut. Dann hoda wieder gfragt: „Leuteeee, ich bitte euch! Wer kennt seinen Körper?"

Null! Mir war des dermaßen peinlich! Der Mo fragt wos und koaner vo de Büffeln gibt eam a Antwort. Mir war des in da Schul scho peinlich, wenn da Lehrer wos gfragt hod und koaner hod sich gemeldet. Drum hob i de knisternde Stille unterbrocha und hob mi gemeldet, alle hamms hergschaut zu mir, weil i so mutig bin.

Dann hod da Jörn zu mir gsagt mit seiner femininen Stimm: „Ja hallooo! Wer bist du?"

„I bin da Toni! I konn ned abschalten!"

„Tooooni! Du kennst also deinen Körper?"

„Jawoll! I kenn eam guat, mir san scho seit da Geburt beinand, mei Körper und i!"

„Sehr schön, Toni! Dann dreh dich bitte um, breite die Arme aus und sage zu allen: „Ich bin Toni und ich kenne meinen Körper!"

Des hodma dann davo! Do host Mitleid mit eam und meldst dich, dann konnst di vor da ganzen Truppe zum Affen macha! In da Schul is mir grad aso ganga: I hob mi aus Mitleid mitm Lehrer gemeldet, obwohl i de Antwort ned gwisst hob, dann hob i an Fünfer kriagt und de ganze Klass hod grinst! Owa wos willst macha? I hob mi umdraht, hob meine Arme ausgebreitet und gsagt: „Ich bin Toni und ich kenne meinen Körper!" Alle hamms glacht, sogar da Rudi, mei Freind!

Und dann is de größte Unverschämtheit kema: Dann sagt da Jörn: „Ich bin Jörn und ich sage euch: Toni lügt!" I hobma denkt, i spinn!
„Wos?", hob i gsagt, „i liag? I liag nicht! I kenn mein Körper! Und außerdem find i des schoflig vo dir, dass du mi do als Lügner histellst, wenn i mi freiwillig meld!"
„Tooooni, beruhige dich, komm runter, cool down, alles easy, alles gut!", hoda gsagt. „Du meinst vielleicht, deinen Körper zu kennen! Aber du kennst ihn nicht!"
„Doch, i kenn eam scho, hundertprozentig!"
„Dann sage mir: Wie lang ist dein großer Zeh?"
„Des woaß i etza aaf Anhieb ned. I mess nix an mir, aa wenns no so lang is!"
„Siehst du, Toni, du kennst deinen Körper nicht!"
„Ja ok, dann halt ned!"
„Toni, eine andere Frage: Ist dein Körper mit dir zufrieden?"
„Jawoll! Er hod sich no nie beschwert, mei Körper!"
„Hast du nicht manchmal Kopfschmerzen, Toni?"
„Ab und zu."
„Oder Sodbrennen?"
„Aa ab und zu."
Dann mischt sich da Dürr ei und schreit fira: „Oder Ohrensausen?"
Do hobi owa dann scho gsagt: „Halt du dei Maul, du Streber! Und dua de Salami vo da Hosn aussa! De anwesenden Damen moanan wunder wos, und derweil is bloß a Wurscht!"
Da Jörn is glei erschrocken und hod gsagt: „Toooni, beruhige dich! Alles ist gut! Komm runter! Wir mögen dich! Oder, liebe Anwesende? Wir mögen Toni! Kommt, sagen wir es ihm, sagen wir ‚Toni, wir mögen dich!' Sagt es!"
Dann hamm alle gsagt: „Toni, wir mögen dich!" Des war mir dermaßen peinlich, i bin ganz rot worn und verlegen. Des is doch mir wurscht, ob mi de mögen.
„So, Leute, und jetzt beginnen wir mit den Übungen zum Körperbewusstsein!", hod da Jörn de unheimliche Situation unterbrochen. „Wir machen zunächst eine Übung, ich nenne sie ‚bridge over troubled water'! Wir stützen uns mit den Händen und Füßen am Boden ab und bilden eine Brücke! Bitte passt auf, ich mache es vor, es ist ganz leicht! Diese Übung baut die Körperspannung auf, die wir brauchen!" Dann hod er a Brücke gmacht mit dem hinteren mittleren Körperteil nach

44

oben, mir hamms alle nachgmacht. Bloß da Dürr, der hods ned hikriagt, der war aso a Art Flunder.

So ungefähr nach zwoa Minuten Brückenstellung hod da Jörn den Rudi gfragt: „Wer bist du?" Und da Rudi hod mit an roten Kopf geantwortet: „Da ... da Rudi! Von Passau!"

„Rudi, sage mir: Was denkst du jetzt? Was geht dir durch den Kopf, wenn du die Brücke machst?"

„I denk mir grad, dass i gestern zum Abendessen liawa ned so viel Rettich essen hätt solln! Des dauert nimmer lang, dann is mei Brücke a Luftbrücke! Dann hoaßts bei mir ,Blowing in the Wind!'"

Da Jörn war leicht schockiert und hod befohlen, dass mir die Brückenstellung sofort beenden. Mittndrin hods an drumm Schepperer do – i hob zerst glaubt, a Lampe hods zrissn oder wos, derweil is dem Dürr sei Hartwurscht beim Aufrappeln aus da Hosentaschn gfalln! Dann san alle wieder gstandn, außer da Hartwurscht, de is am Boden glegen.

Da Jörn hod gsagt: „Soooo, ihr Lieben, die Körperspannung ist aufgebaut, jetzt beginnen wir mit der Reise durch den Körper! Wir betrachten es wie eine Weltreise, wir beginnen am Süüüüdpol (des is koa Druckfehler, der hod so gred!). Der Südpol, das ist unsere Fußsohle!"

Da Dürr hod gfragt, ob er am Äquator ofanga derf, weil am Südpol kimmt er wampentechnisch ned owe, und da Jörn hod gsagt, des is ok. Dann hamma alle gemeinsam unser Fußsohle befühlt, da Dürr hod derweil gwart, bisma weida oben san und zur Ablenkung sei Salami ogschaut. Dann samma weida zu de Zehen, de warn bei allen komplett, dann de Knöcherl, de Waden und so weiter.

Da Jörn war da Reiseführer, der hod uns immer gsagt, wo mir als naxts hireisen. Er hod gsagt, mir könnma ruhig unsere Gefühle außalassn und schrein „jaaa" oder „heyyy"!

Einige Frauen ham dann sofort „jaaa" gschrian und i hobm mir denkt: „Um Gottes Willen, de hod scho lang koaner mehr oglangt!" Außerdem hob i mir denkt, ob ned de Reise über den Körper a Riesenverarschung is, owa i hob mir nix sagen traun.

Bei de Kniee hod da Jörn gsagt „wir grüßen die Menisken" und i hob dann gsagt, „hawedehre Menisk!"

Ab de Oberschenkel is da Dürr aa mitgereist, dann samma auffe über de Pobacken, dann links Richtung Nieren und weida über den Nabel zur Brust. In der Nabelumgebung hob i mir denkt, dass i vielleicht doch abnehma sollte, owa dann hob i mi umdraht und den Dürr gseng, dann hob i mir denkt: „Toni, des passt scho!"

Ab und zu hodma wieder a „jaaa" ghört vo hint, da war wieder irgendoane vo de Frauen in Ekstase. Dann samma über d'Brust zum Hals und dann sagt da Jörn: „Sooo, ihr Lieben, die Reise über unseren Körper ist beendet!"

„Moooment!", hob i gsagt, „wos hoaßt do beendet? Und da Kopf? An Kopf hamma doch aa no, ghört der ned zum Körper oder wos?"

„Tooooni, wo denkst du hin!? Der Kopf ist eine eigenständige Welt!"

„Ehrlich?"

„Jaaa! Im Körper wohnen die Organe und im Kopf, da wohnt das Chi!"

„Wer?"

„Das Chi!"

„Tschi?"

„Genau!"

I hob ned gwisst, wos der moant, drum hob i'n Rudi gfragt: „Hä Rudi, woaßt du wos des is, des Chi?"

„Keine Ahnung", hoda gsagt, „owa bei uns dahoam, do wennma de Kellertreppe owegeht, links unten, da stehen d'Schi!"

„Des glaube ned, dass der d'Schi moant, Rudi! De wohnen doch ned im Kopf!"

„Do host aa wieder recht", hoda gsagt.

Owa i wollt des partout wissen, drum hob i den Jörn gfragt: „Wos is nacha des Tschi?"

„Toooni! Das Chi, das ist die positive Energie in uns, das Universelle, was uns mit dem Weltall verbindet! Das Göttliche, das … das Positive! Verstehst du?"

„Achso, des is des!"

„Ja genau! Und nun kommen wir zum Höhepunkt: Wir wecken gemeinsam das Chi!"

„Wos!", hob i gsagt, „schlafts ebba?"

„Jaaa, Toni, es schläft! Es ist müde geworden, durch Stress, durch Neid, durch negative Einflüsse, es hat sich zurückgezogen in die hintersten Winkel, wir müssen es wecken! Und das machen wir jetzt gemeinsam! Hat noch jemand eine Frage, bevor wir beginnen?"

Dann hod sich a ältere Frau ganz hinten gmeld!

„Ja, wer bist du?", hod da Jörn gfragt.

„Roswitha hoaßi!"

„Und was ist deine Frage?"

„Wo isen do's Klo?"

„Das Klo? Möchtest du dich noch erleichtern?"

„Scho, owa bloß biesln!"

„Dann tu das, Roswitha, tu das! Wir warten auf dich! Denn das Chi müssen wir gemeinsam wecken, sonst hat es keinen Sinn! Wir müssen eine Community sein, eine Gemeinschaft!"

Dann is d'Roswitha außdem und mir hamm gwart aaf sie. Nach fünf Minuten is wieder einakema und i schau hi und denk mir „oläck!". Is ihr hinten aus da grauen Jogginghosn a zwoa Meter langer Streifen Klopapier aussaghängt, voll peinlich! Und d'Leit san dermaßen gemein: Kein Schwein hod sie drauf hingewiesen! De hamm de arme Roswitha mit ihrem Streifen bis hintere renna lassen! Unmöglich, de Leit! Und i hob mir denkt: „Ja, wenns ihr de ned sagen, i sags ihr aa ned!" Da Rudi hod sogar glacht über sie und hod gsagt: „Schau hi, dera hängt's Chi vo da Hosn außa!"

Dann warn wieder alle in Chi-Weck-Stellung und da Jörn hod gsagt: „Sooo, wir beginnen! Zuerst müssen wir sanft anklopfen, damit das Chi nicht erschrickt, denn es ist sensibel! Wir stecken dazu unsere Zeigefinger in die Ohren und machen leichte Drehbewegungen mit dem Finger! Damit das Chi merkt: Oha, da tut sich was! Aber bitte: Vooorsichtig!"

Des hamm dann alle gmacht und es hod brutal bläd ausgschaut! I hob null gspürt und zum Rudi gsagt: „Du, i gspür nix vo mein Chi! Gspürst du vo deinem wos?" „Naa", hoda gsagt, „i glaub, des meine is gar ned dahoam!"

Owa des war bloß da Anfang – es is no bläder worden! Weil da Jörn hod dann gsagt: „So, jetzt lassen wir Licht in den Kopf! Das ist wie bei uns daheim im Schlafzimmer, wenn wir morgens aufstehen, öffnen wir die Vorhänge, damit wir wach werden! Und das Chi braucht auch Licht, um wach zu werden! Dazu reißen wir die Augen auf, so weit es geht! Macht es mir nach, Freunde! Open your eyes!"

Dann hod er d'Augen aafgrissn und mir alle aa. Des hod dermaßen dämlich ausgschaut, des konn sich kein Mensch vorstelln! Und i war immer mehr sicher, dass des alles eine Riesenverarschung is! Owa i hob mitgmacht, weil man will ja ned aus da Reih tanzen!

„Und jetzt kommen wir zum finalen Weckruf!", hod da Jörn gsagt – wos hoaßt gsagt, gschrian hoda vor Begeisterung! „Wir lassen Luft in den Kopf, frische Luft, die benötigt das Chi, damit es aktiv wird! Dazu spreizen wir die Nasenflügel mit den Daumen weit auf und atmen ein, so fest wir können! Und wir rufen gemeinsam ‚Chi, aufstehen!' Ruft, Leute, ruft!"

Dann hamm alle gerufen „Chi, aufstehen!" und do war i dann überzeugt, dass mir alle verarscht wern. Wias alle vor Begeisterung d'Augen zuagmacht hamm, inklusive Jörn, bini abghaut.

I bin owe an d'Rezeption und hob gsagt: „I bin geheilt, unglaublich! I kann abschalten! I packs, i fahr hoam!"

De Dame an da Rezeption hod gsagt: „Oh, da sind wir aber traurig!"

„Weil i geheilt bin?"

„Nein, weil sie privatversichert sind!"

Depp im 3. Frühling

Oft denk i mir: „Des Aussehen, des i vor 30 Jahrn ghabt hob und de Erfahrung, de i heit hob, des waar de ideale Kombination. A jede daad mir ghörn, a jede!"

Aber de Kombination is ned herstellbar, weil a Zeitmaschin hamms no ned erfunden. Lauter Glump hamms erfunden, wos koa Mensch ned braucht – Kalorienzählmaschinen, Apps, Handyhüllen, Kafä togo, owa koa Zeitmaschin!

Und mit mein Aussehen brauch i heit bei da Weiblichkeit nimmer angeben, des is mir klar, mit meiner Frisur sowieso ned, weili koane mehr hob.

Mitana gutaussehenden Freindin konnst aa ned angeben, weil erstens hobi fast koane und zweitens waars wahrscheinlich meiner Frau ned recht.

In der Jugendzeit, do hodma mitana Freindin no angeben kinna! I konn mi no guat erinnern, wia i 1978 amal mit einer Topfrau händchenhaltend übern Stadtplatz ganga bin – do hamms gschaut! I hob des genau gmerkt, wos sich de denkt hamm: „Öha! Aso a Depp und aso a Gschoss, Wahnsinn!"

De hamm ja des ned gwisst, dass i dera 20 Mark gegeben hob, dass sie mit mir händchenhaltend übern Stadtplatz geht! I hätt ihr sogar 50 Mark angeboten, wenns mir öffentlich an Kuss gibt, wenigstens aafs Ohr, owa des war ihr dann doch z'gaach, heitzudogs daadma song „too much"!

Obwohl i damals no knackige Ohrn ghabt hob, ohne Schmarrn!

Im Nachhinein betrachtet, war i a glatter Depp damals! Des Schlimme is, i bin heit no oaner! Und weil i oaner bin, passiern mir immer wieder peinliche Sachen.

Letzts Jahr im Summa bin i in da Eisdiele gsessn und hob mir an Amarenabecher kafft mit 10 Amarenakirschen extra, weil de mog i. I bin durtgsessn und hob echt guat ausgschaut: Weißes Hemd, de obersten vier Knöpf geöffnet, dass d'Leit seng, dass i wenigstens aaf da Brust no Hoor hob, a Sonnenbrilln hobi aufghabt und a Jeans an, de mir um zwoa Nummern zu kloa war, owa durch den Trick schautma cooler aus, obwohls eam fast d'Luft abschnürt, vom Unterleib will i gar nix song! Es is in so an Outfit taktisch klüger, man schnauft eher flach, weil sunst duats no weher.

I hob grad a Amarenakirsche aaf mein Löffel, da seg i, dass am Nachbartisch a extrem attraktive junge Frau sitzt mit an schwarzen Top. Also des war a Top, do konnma mit Fug und Recht song: „Des is a topp Top!"
Gottseidank hods ned gmerkt, wo i de ganze Zeit higaff, weil i hob ja a Sonnenbrille auf ghabt! A bissl an Silberblick hods ghabt, des find i voll erotisch – wenns a Hübsche is! Wenns koa Hübsche is, bringt da Silberblick aa nix.

Und dann kimmt da Hammer: Lächelt de zu zu mir uma und sagt: „Halloo!" I hob spontan und souverän gsagt: „Äh … äh … äh … ha … ha … hallo!" I bin dermaßen überrascht und begeistert gwen, dass mir de Amarenakirsche vom Löffel owagfalln is und in mei offenes weißes Hemad eine. Sie is owegrollt bis zum enga Gürtel, der hods kurz vorm Hosentürl abbremst. Owa aaf dem weißen Hemd hod sich a bluatrote Spur gebildet vo dem blädn Saft, des war mir peinlich! I hob ausgschaut, als hätt i Nasenbluatn!

Und dann, i hob glaubt, mi trifft da Schlag, steht de Traumfrau aaf und geht zu mir uma! I hob sofort krampfhaft überlegt, wos i sog zu ihr, wenn sie sich hersitzt an mein Tisch. Mir waar aa scho a Superspruch eigfalln, i hätt nämlich gsagt: „Heyyy!"
Owa sie hod sich ned hergesetzt zu mir, sondern is an mein Tisch vorbeiganga und hod sich an den Tisch hinter mir gsetzt. Durt is a junger Bursch gsessn, zu dem hods gsagt: „Jetza sitz i mi glei zu dir her, weil der wamperte Glatzkopf mit sein bluadigen Hemad verdeckt di komplett!"
Des war total demütigend für mi! I bin aafgstandn und ganga, dann hod mir d'Bedienung nachgschrian: „Mooooment! I kriag no zwölf neunzig!" I bin so rot worn wia mei Hemad, hob ihr 13 Euro gem und

hob gsagt „basst scho!" Sie hod irgendwos gemurmelt vo geizige Rentner und i bin davo und hob den Amarenabecher, der war no zwoa Drittel voll, steh lassen.

Wia i dahoam okema bin, hod mei Frau gsagt: „Ja, um Himmels Willen! Wia schaust denn du aus? Bist du in a Schlägerei einekema? Soll i an Doktor oruafa?"

„Des is koa Bluat!", hob i gsagt, „des is de Rollspur vonana Amarenakirsche! De Bedienung in da Eisdiele is gstolpert und dann is mir aus an Amarenabecher oa Kirsche in mei Dekolleté eineghupft! Des Bedienungspersonal wird aa immer bläder!"

„Lauter Deppen!", hods gsagt, mei Frau.

Und i hob gsagt: „Genau!" Und denkt hob i mir: „Owa da allergrößte bin i!"

Depperte Zeiten

Im Nachhinein warma ja in da Jugend a Depp! Manche warn konsequent und san heit no a Depp, etliche Kumpel vo mir behaupten, dass des für mi aa gilt. I konn des ned beurteilen, owa wenns so is, konnes aa ned ändern.

I wenn an mei Jugend denk, is mir im Nachhinein allerdings vieles peinlich. Zum Beispiel mei Freizeitverhalten: Jeden Samstag und Sonntag bini mit mein Kadett in der Gegend um Furth im Wald umananda gfohrn in der Hoffnung, dass am Wegesrand a wunderscheens Deandl geht und i dera auffall, weil i so a toller Typ bin.

Und gell, i hob fei echt ned schlecht ausgschaut damals – ned so guat wia mei Kadett, weil der hod an Fuchsschwanz ghabt und an Frontspoiler und i beides ned, owa immerhin: I hob no Hoor am Kopf om ghabt, a Sonnenbrille, a Schlaghosn und a T-Shirt, wo om gstandn is: „Freibier forever", und schlanker war i aa! Also direkt schlank ned, owa schlanker wia heit!

Dann bini lässig im Kadett gsessn, da linke Arm is cool ausm Fahrerfenster ghängt, drum war der deutlich brauner als da rechte, da Fuchsschwanz hod im Fahrtwind gflattert und da Frontspoiler war a Augenweide mit seine ca. 12000 Fliagnleichen dran, ab und zu war sogar a Schmetterling dabei, de hods damals no geben, meistens Pfauenaugen.

Freindin hob i koane ghabt, owa a blühende Phantasie: I hob mir dann immer vorgstellt, dass irgendwann de Traumprinzessin mir aaf da Flurbereinigungsstraß entgegenkimmt, dass sie schlagartig merkt, dass i da ideale Partner waar und dass sie mir winkt! Und dass i dann ned glei plump brems, sondern dass i einfach an ihr vorbeifahr und sie ned amal ignorier. Weil dann werd i für sie natürlich no interessanter und sie hod de volle Sehnsucht nach mir, weil i aso a cooler Typ bin, der ned glei klammert. Und dann, so nach ca. fünf Minuten drah i um und fahr wieder hi zu ihr und sie is total happy, weil sie hod ja scho gmoant, i mogs ned, weil i eiskalt weidagfahrn bin.

Dann winkts wieder und i fahr rechts ran und sog zu ihr ganz wos Romantisches, so ungefähr: „Hey Puppe, bloß dass des klar is – der Kadett hod no zwoa Jahr TÜV!" Und dann heirats mi und meine Freind san alle neidisch, weil i aso a tolle Frau hob!

Owa wia gsagt, des is alles bloß in meiner Phantasie passiert, in echt nie. Obwohl, wenn i zruckdenk, oamal is doch in echt passiert, also ned direkt, owa fast!

Es war aso:

An einem sonnigen Samstag war i wieder amal im Jagdgebiet zwischen Eschlkam und Warzenried aaf Weiberfang unterwegs. Der Raum Eschlkam-Warzenried war seinerzeit bekannt für gutes weibliches Material. Des soll jetza ned abwertend klingen, im Gegenteil: „Super Material", des war damals a Riesenkompliment!

I bin so dahingfahrn, da Fuchsschwanz hod im Wind gflattert und mei Sonnenbrille war obercool. Plötzlich seg i am Wegesrand a bildsaubers Deandl, des mir eindeutig winkt! I hob glei in den Rückspiegel gschaut, ob oaner hinter mir fohrt, den sie vielleicht moant, owa do war nix, de hod mi gmoant! „Meine Gebete san erhört worn!", hob i mir denkt, „es is soweit! A Traumprinzessin hod erkannt, wos i für a toller Typ bin! Endlich hob i a feste Freindin!"

Owa i bin natürlich ned glei rechts ran gfahrn, weil i wollts no schmoren lassen – man soll sich ja de Deandln ned einfach ohne Widerstand vor d'Fiaß werfa! I bin einfach eiskalt weidagfahrn, so ca. acht Kilometer, und dann bini umdraht, weil i hob mir denk, dass jetza soweit is, dass ohne mi nimmer leben konn.

Und tatsächlich: Sie war immer no do und hod mir heftig gwunka. I bin stehbliem, und hob durchs offene Fahrerfenster gsagt. „Heyyyy! I bin da Anton, owa Freunde derfan Toni zu mir song, des gilt natürlich aa für di! Is dir mei tolles Auto aufgfalln, ha? Und der coole Typ, der wo drinsitzt!"

Mei Fahrerfenster war übrigens damals immer offen, weil de Kurbel war kaputt und Geld zum repariern hob i ned ghabt. Im Sommer is ganga, owa im Winter hob i trotz Zipfelhaum oft an Katarrh ghabt. Koa Wunder – am Lenkradl war manchmal da Raureif!

Dann sagt sie: „I hob dir bloß gwunka, weil vorn rechts host an Platten und hinten tropft's Öl außa! I kenn mi do aus, weil mei Freind is a Kfz-Mechaniker!"

Des war a Schock! Für mi is a Welt zammbrocha! I hob insgeheim scho Hochzeitspläne geschmiedet und hobma denkt, des kanntn scheene Kinder wern mit dera als Muada, und dann sowos! An Kfz-Mechaniker als Freind! Is des scho schlimm, owa wos no schlimmer is: De denkt sich etza, i bin a Volldepp, weil i ned amal merk, wenn mei rechter Vorderreifen platt is!

I hob zu ihr gsagt: „Äh, des hob i scho gwisst mit dem Platten, owa a Kadett halt des aus!"

„Des glaub i ned", hods gsagt und dann is einfach weidaganga und hod mi tropfend und platt stehlassn. I bin dann mit Ölverlust aaf da Felge hoamgrumpelt, weil für an Reservereifen hod mei Geld damals aa ned glangt, für an Wagenheber aa ned, so gseng hätt da Reservereifen eh nix gnutzt.

Wenn i so überleg, dann hamm mi de Frauen, de i nie kriagt hob, an Haffa Geld kost in meiner Jugend! Autoreifen, Felgen, Öl, Benzin, lauter im Nachhinein sinnlose Investitionen! Aa etliche Fuchsschwänz' hobi kafft, weil de hamms mir immer klaut oder da Wind hods weggrissn.

Ganz zu schweigen von den Ausgaben für Rasierwasser! Jeden Samstag, wenn i zum Tanz gfahrn bin, hob i mi mit Pitralon vollgspritzt, dass i verlockend schmeck für de Deandln. Wenn i ehrlich bin: I hob sogar aaf d'Hosn oans draufgspritzt! Und wenn i ganz ehrlich bin: In Extremfällen hob i sogar gurgelt damit!

Und dann? Nix is ganga, gar nix! I bin im Tanzlokal ghockt mit mein Colaweizen und hob guat gschmeckt! Owa glaubst du, des waar oaner aufgfalln, dass i so verlockend schmeck? Nicht oaner!

Im Gegenteil: De Burschen, de bei Zwiefachen gschwitzt hamm wie ein Ox oder de vo Haus aus a leichts Odelflair oder an dezenten Siloduft an sich ghabt hamm, de hamm immer oane kriagt, manchmal zwoa. I als geruchsmäßig guade Partie bin nach dem vierten Colaweizen meistens hoam oder in d'Bar. Do san de andern Deppen gsessn, de zu guat gschmeckt hamm. Dann warma uns nach zwoa, drei Whisky-Cola einig, dass heit eh koa Scheene anwesend is.

Im Nachhinein konn i zusammenfassend mei Jugend relativ kurz und bündig beschreim: Mei, war ich ein Depp!

Depp in einer Tour

I hobma jetza Tourenschi kafft! Weil i wollt ned bloß im Sommer Outdoor-Aktivitäten betreiben (Grillen etc.), sondern aa im Winter. Meine Kumpel hamm gsagt zu mir, do san Schitouren ideal. Erstens hodma a Naturerlebnis, zweitens is fürn Kreislauf ideal, drittens is ned so langweilig wia Langlauf, owa aa ned so lebensgefährlich wia Alpinschifohrn und vor allem: Bei einer Schitour, do lerntma aa als älterer Herr über 50 no junge, sportliche Frauen kennen und hod dann einen zwischenmenschlichen Kontakt aaf sportlicher Ebene.

I hob spontan entschieden, dass mir des Naturerlebnis so wichtig is, dass i mir Tourenschi kaaf. I hob mi fachmännisch beraten lassen, weil i bin ja tourenschimässig a Novize. Der fachmännische Fachmann im Fachgeschäft hod gsagt, do derfma aafs Geld ned schaun, weil a gscheide Ausrüstung hod einfach ihren Preis, unter 2000 Euro geht praktisch gar nix! I hob glacht und gsagt: „2000 Euro? Des is doch a Witz, oder?"

„Stimmt", hoda gsagt, „eher 3000!"

Dann is mir des Lacha verganga und i hobna gfragt, wia sich der Betrag zammsetzt, wosma do alles braucht, dass so a Preis zustande kimmt. Sei Antwort hod deutlich länger dauert wia mei Frage, deutlich länger!

„Aaaalso", hoda gsagt, „die Grundausrüstung besteht aus Tourenschiern, Bindung, Fellen, Tourenschischuhen, Tourenschijacke, Tourenschihose, Tourenschisocken, Tourenschistöcken, Tourenschirucksack, Tourenschiunterwäsche, Tourenschihandschuhen, Tourenschimütze, Tourenschibrille."

„Moooment!", hobi gsagt, „a Unterwäsch hobi scho!"

„Ist es auch eine Funktionsunterwäsche?"

„Mei, a Unterhosn kurz und lang und a Unterhemad! Funktioniern daans ganz guat eigentlich! Grad im Winter, im Sommer kanntma manchmal direkt drauf verzichten, owa des schicktse ned!"

„So meinte ich das nicht", hoda gsagt, „sondern ich meinte, ob die Unterwäsche den Schweiß weg von der Haut transportiert!"

„Weg vo da Haut? Wohi nacha?"

„Nach außen!"

„Des glaub i ned", hobi gsagt, „mei Unterwäsch transportiert eigentlich eher gar nix!"

„Sehen Sie! Aber unsere Schitourenmultifunktionsunterwäsche transportiert den Schweiß zuverlässig nach außen, wo er dann verdunstet und die Haut bleibt trocken!"

„Ja, moana Sie, dass i do schwitz bei da Schitour?"

„Natürlich! Eine Schitour ist ein winterliches Workout!"

„Aha! Und i hob gmoant, des is a Naturerlebnis!"

„Das auch, das auch! Aber auf jeden Fall brauchen Sie Funktionsunterwäsche! In normaler Unterwäsche können Sie sich den Tod holen! Denn wenn Schweiß auf der Haut verdunstet, erzeugt das Verdunstungskälte!"

„Und dann dafrerrts mi?"

„Im schlimmsten Fall ja!"

„Oläck! Ja, dann! Dann brauch i des Multidings natürlich scho!"

„Das will ich meinen! Wenn es um die Gesundheit geht, sollte man wegen 100 oder 150 Euro nichts riskieren!"

„Wieso 100 oder 150 Euro?"

„So viel kostet die Multifunktionsunterwäsche!"

„Oläck! Mei Unterhosn und mei Unterhemad ham miteinander 13 Euro 95 kost, des war a Set! Blau und braun hods des gem, i hobs in weiß, mit Eingriff, do duatma sich leichter!"

„Welches Label?"

„Wos?"

„Was steht hinten auf dem Etikett?"

„Synthetic, bis 80°!"

„Aaah, ja! Super! Aber wie gesagt, ich würde im Interesse Ihrer Gesundheit dringend zur Mulitfunktionsunterwäsche raten!"

„Ja, in Gotts Nam, dann hilfts nix! Wos daad dann des insgesamt kosten?"

„Das kommt darauf an, wofür Sie sich entscheiden!"

„Ja, für de Transportunterwäsch dann!"

„Nein, ich meinte, welche Schi, welche Bindung, welche Stöcke, welche Schuhe! Und außerdem müssen wir dann noch Ihre Füße messen wegen der Schuhe und die Bindung auf die Schuhe einstellen!"

„43er hobi! Meistens! Bei de Schuah, bei da Bindung woaßes ned!"

„Das hat nichts zu sagen, da müssen wir einfach welche probieren und Sie müssen mir sagen, ob Sie sich darin wohlfühlen."

„Ok, aso machmas! Dann her damit, dass ebbs vorwärts geht! Und bei da Bindung miassma Obacht gem!"

„Wieso?"

„Weil mei Frau sagt immer, i bin für a feste Bindung eigentlich ungeeignet!"

„Wie bitte?"

„Des war a Witz! A Wortspiel! Bindung – Bindung, verstehns? Des is doppeldeutig!"

„Achso! Sehr nett! Aber wir müssen zuerst die Schier aussuchen! Wichtig ist hier natürlich die Länge. Die Schispitze sollte in etwa auf Nasenhöhe sein!"

„Ehrlich? I hätt de Schi owa gern an de Fiaß!"

„Schon klar, das mit der Nasenspitze war nur, um Ihnen die Länge zu veranschaulichen!"

„Des woaß i doch, des war scho wieder a Witz!"

„Haha, köstlich!"

Dann hamma Schi ausgsuacht, i hob blaue gnumma, wo omsteht „mountain champion", dann Schuah und a Bindung und des ganze andere Glump bzw. Zubehör. Bei da Schitourhosn und Schitourjackn wollt i eigentlich gedecktere Farben, so grau oder anthrazit, Owa i hob mi dann überzeugen lassen, dass a gelbe Hosn und a rote Jackn gscheida san, weil wenn i im hochalpinen Bereich tourenmäßig unterwegs bin und es kimmt aufamal a Lawine daher, dann finden mi de Lawinenhelfer eher, weil i farblich auffall. Da Fachverkäufer hod gsagt, es is aa sehr stylisch, des Outfit, mir is eher papageimäßig vorkema. Bereits nach ca. 1,5 Stunden hamma alles beinand ghabt und es hod alles zamm ned amal 3000 Euro kost, sondern 3176,50.

„Komma do no handeln?", hobi gsagt, „weil i daad scho sagen, dass des a Großauftrag is!"

„Natürlich! Ich mache Ihnen einen Set-Komplettpreis von 3150 Euro!"

„Geht doch", hob i mir denkt, „man muass bloß handeln kinna!"

„Übermorgen können sie die fertig montierten Schier abholen", hoda gsagt, da Fachmann, „die Bekleidung und die Stöcke können Sie gleich mitnehmen!"

I bin dann mit dem Zeig hoam und hobs meiner Frau vorgführt – zerst de schweißtransportierende Unterwäsch in Kombination mit de Tourenschischuah, dann des stylische Papageienoutfit und zum Schluss die Tourenschimütze mit da Aufschrift „snow king". An Tourenschirucksack hob i mir übrigens aa besorgt, über a Fachfirma, de hoaßt Tschibo.

„Und?", hob i mei Frau gfragt, „wos sagst? D'Schi zoag i dir übermorgn!"

„Normal bist du ned!", hods gsagt.

„Des ned, owa sportlich!", hob i gsagt.

Drei Dog später wars soweit: De Schi warn immer no ned fertig!

Da fachmännische Fachhändler hod gsagt, des liegt an dem, weil Tourenschigehen voll trendy is, aa bei ältere Menschen. Des is mir wurscht, weil des mi ned betrifft, i bin erst 58!

Kaum hob i a Wocha gwart, warns fertig. I hob dann beschlossen, dass i sofort a Schitour mach und hob mi dahoam outfitmäßig vorbereitet.

Man möchts ned glauben, owa bis de de Funktionsunterwäsch mit Schweißtransportgarantie und de Tourenschistrümpf und de Tourenschijacke und de Tourenschihose richtig sitzen, des dauert locker zehn Minuten. Wia i dann alles anghabt hob, hob i bieseln miassn. Bei dera Gelegenheit hob i festgstellt, dass a Tourenschijacke insgesamt acht Taschen hod, owa a Tourenschihose null Hosentürln.

Drum hod des Bieseln länger dauert, owa dann war i einsatzfähig für des unvergessliche Naturerlebnis und des elfenhafte Schweben (des hod der Fachverkäufer wörtlich gsagt!) über den flockigen Schnee.

Mei Frau hod gsagt, i soll a Handy mitnehma, dass i oruafa konn, falls i vor lauter Anstrengung ohnmächtig werd. So ein Schmarrn! Wer wird denn beim elfenhaften Schweben ohnmächtig wern! Owa i hob's Handy mitgnumma, um Diskussionen zu vermeiden, de dann doch nix bringen.

Dann bine mitm Auto zum Parkplatz vom Schilift gfahrn und hob zunächst amal an Schuhwechsel gmacht, weil mit Tourenschischuah konnma ned Auto fahrn, de san zu broat, do daadsd du dauernd Vollgas gem und gleichzeitig bremsn. Da Schuhwechsel hod ziemlich lang dauert, weil de Schnalln vo de Tourenschischuah san ziemlich widerspenstig.

Mindesten fünf Deppen san vorbeikema und hamm mi gfragt, ob i ebba a Schitour mach. Normal hätt i song miassn: „Naa, wia kimmst denn do drauf? I mach zwoa Ster Brennholz! Und de gelbe Hosn und de rote

Jackn hob i an, dass mi de Lawinenhunde eher finden, falls a Lawine abgeht auf 600 Meter Meeres- und 18 cm Schneehöhe!" Owa i bin a höflicher Mensch und hob gsagt: „Jawoll! I mach a Schitour! Und etza halt mi ned aaf, weil i will elfenhaft über den Schnee schweben!" Es hod kaum 20 Minuten dauert, dann war i einsatzfähig. Bereits nach knappe 100 Meter hob i des erste Naturerlebnis ghabt. I bin an da Wurzel von an Baam hängenbliem und mi hods natürlich highaut. Von wegen elfenhaft schweben, es war eher elefantenhaft stapfen!

Und wos no schlimmer war: I hob des ned bedacht, dass des ständig bergauf geht, wennma aaf an Berg affefahrt! Nach fünf Minuten hobi scho gschwitzt wie ein Ox und hob des Gfühl ghabt, dass der Von-innen-nach-außen-Transport vo dem Schweiß ned funktioniert. I war patschnoss innerlich, äußerlich hod mi eher gfrorn! I hob dann de Tourenschimütze owado, weil am Kopf hobi aa gschwitzt, obwohl i plattert bin.

Dann bini weida bergauf und dann hods des Schneim ogfangt, dicke Flocken! Und bei dera Gelegenheit hob i des erste Mal in mein Leben gmerkt, dassma Schneefall hört, wennma plattert is und schwitzt! Weil bei jeder Schneeflocke, de aaf mein Kopf gfalln is, hods „zschschsch" gmacht, de is praktisch spontan verdampft!

Des Naturerlebnis war vielleicht scho da, owa i hobs ned gseng, weil mei Tourenschibrilln vo dem Schweißdampf dermaßen anglaffa is, dass i praktisch im Blindflug unterwegs war. I wenn mei eigene Muada troffa hätt, i hätts ned kennt! I hob zwar in regelmäßigen Abständen vo ca. 6,5 Meter de Brilln mit an Tempotaschentuch putzt, owa de is sofort wieder anglaffa, wennes aufgsetzt hob, es war ein Wahnsinn! Und dann dauernd des bläde „zschschsch"! De Schneeflocken san glatte Deppen!

Irgendwie bini auffekema, ohne dass i mi verlaufa hob. Wahrscheinlich, weil i im Summa in dem Gebiet oft aaf Schwammersuche bin und fast jeden Baam persönlich kenn.

So, dann war i oben bei da Gipfelstation vom Schilift, aaf sage und schreibe 800 Meter Meereshöhe, kurz vorm ewigen Eis praktisch. Mi hod dermaßen gfrorn, des konn sich kein Mensch vorstellen! Mittlere Körperregionen, de normalerweise immer warm san, warn eiskalt. Insofern war mir schlagartig klar, wo des Wort „Eiszapfen" sein Ursprung hod. I wollt bloß no de Felle vo de Schi owadua und dann owefohrn und dann hoam und dann a heißes Bad und dann mit Wärmflaschn ins Bett! I dua grad des zwoate Fell owa, kimmt a Bekannte daher, a bildsauberne aa no! Mehr als „hey" hobi ned song kinna, weil mi so gfrorn hod.

„Ja servus Toni", hods gsagt, „machst ebba aa a Schitour?"

„Eh klar", hob i gsagt, „owa b...b...bloß a kloane! Dass da Kreislauf a weng in Schwung kimmt!"

Mi hods direkt beidlt vor Kältn, i wollt eigentlich weg, dann sagts: „Fahrst ebba scho owe? Oder rauchma no oane mitanand?" „D...d... des is a g...g...guade Id...d...d...dee!", hobi gsagt. I stottere normal ned, owa durch die Kältn war mei Sprache eigfrorn. „Steckmas b...b... bitte in Mund eine," hobi gsagt, „m...m...mit de T...T...Tourenhandschuhe konnes ned richtig halten!"

Sie hodma a Zigrettn in Mund einegsteckt und anzundn und i hob graucht wia a Frosch, weil i hobs drinlassn miassn, da meine Händ ned in der Lage warn, irgendwos zu halten.

Dann is mir eigfalln, dass des immer voll cool ausschaut, wenn da Felix Neureuther im Zielraum a Interview gibt und stütztse ganz locker aaf de Schistöcke aaf. I hob des aa gmacht, owa scheinbar war do a Tiefschnee oder a Mausloch im Boden – aaf jeden Fall is der Schistock wie ein Gschoss nach unten und mi hods voll aaf d'Schnauzn ghaut und d'Zigrettn in mei Nosn.

I hob mi wieder aufgrappelt und hob gsagt. „D...d...derfast mir no oane ozündn!" Gottseidank hods koane mehr ghabt und hod gsagt: „Sorry, des warn de zwoa letzten, i packs dann, tschaui!", und furt wars. Obwohl i grundsätzlich gern a Stund und länger mit ihr gred hätt – in dem Fall war i froh, dass weg war.

I bin völlig steifgefroren de Schistreck owegfahrn. Wenn mi vo unten jemand gseng hod, der hod sich bestimmt denkt, do is a dicke gelbrote Slalomstang locker worn und rutscht etza den Hang owe.

Unten hob i bloß no de Tourenschischuah owagrissn, bin ins Auto eine und strümpfad hoam gfahrn.

Gottseidank war mei Frau beim Eikaffa und i hob in aller Ruhe a Bad mit ca. 150 Grad hoaßn Wasser nehma kinna. Und des hod dazu geführt, dass i bloß a leichte Lungenentzündung kriagt hob und koa schwaare.

Wia mei Frau hoamkema is, bini scho mit da Wärmflaschn im Bett glegen und sie hod mi gfragt wias war. „Super!", hobi gsagt, „Natur pur, besser geht's ned! Owa miad machts! Elfenhaft miad!"

Depp is männlich

Es is ja so, dass koa weibliche Form vo Depp gibt, weil „Deppin", des waar a Schmarrn, des sagt kein Mensch bzw. traut sich kein Mensch sagen!

I wenn so nachdenk, i kenn aa koa Frau, de a Depp is! Ehrlich, is jetza koa Schleimerei, i kenn ned oan weiblichen Deppen! Ok, i kenn Frauen, wenige, vereinzelte, de san ... de san anstrengend, in ganz seltenen Fällen vielleicht aa amol nervig, aber ganz selten, die muasst du direkt suacha. Owa wer suacht de scho, höchstens a glatter Depp.

In 0,1 Promille der Fälle san Frauen eventuell sogar an Hauch vo boshaft, also wirklich bloß gaaanz wenig – 0,1 Promille der Fälle, des waar in meiner Heimatstadt zum Beispiel ned amol a halbe Frau. I konn jetzt bloß hoffen, dass koaner vo de Männer, de des grad lesen, akkrat de halberte boshafte Frau dahoam hod.

Is ja aa koa Wunder, dass koa Deppin gibt, weil Frauen san einfach gscheider, wos hoaßt gscheider, i sogs amal hochdeitsch: Sie können sich besser ausdrücken!

Naa, i sog jetza des ned bloß, dass i bei den Frauen besser dasteh, ich konn des beweisen! Mir Männer tun uns do einfach hart, eigentlich gar ned von der Intelligenz her, mehr gefühlsmäßig! Mir kinnma einfach unsere Gefühle ned ausdrucka. Mir werma oft gschimpft, weilma angeblich ned gefühlvoll sein wollen, owa mir kinnma ned, des is a Defekt, von da Natur her!

Es gibt angeblich weltweit a paar Männer, de kinnan des, des san dann de sogenannten Frauenversteher. De kriang jede, unseroaner als Depp kriagt kaum oane. „Du verstehst mi ned!" – ein Satz, denn jeder kennt!

Mei Frau sagt zum Beispiel oft: Du host überhaupt koa Gfühl! Aso a Krampf, freilich hobi a Gefühl, i hob zum Beispiel erst vor kurzem gsagt: I hob des Gfühl, dass da FC Bayern wieder Meister wird!

Aa im Summer, wennma manchmal so mit an Glasl Rotwein und da Frau aaf der Terrassn sitzt und i sog nix und sie sagt dann: A so a laue Sommernacht! Da Abendhimmel glänzt rötlich und die Grillen zirpen, host denn du do gar koa Gfühl? Dann sog i: „Selbstverständlich! Und wos für oans! I hob des Gfühl, dass heit no a Weda kimmt!"

Naa, etza ohne Schmarrn: I hob scho a Gfühl, owa i konns ned ausdrucka, aa de negativen Gefühle. Drum konn i zum Beispiel ned jammern! Also in Extremfällen scho, wenns lebensbedrohlich wird, wenni

Schnupfen hob zum Beispiel, dann jammere scho, owa sunst ned! Letzten Winter hobi drei Dog Schnupfen ghabt, also wirklich, des war da Wahnsinn! Des konnse a Frau gor ned vorstelln, wosma als Mann do mitmacht! I hob pro Dog drei Packerln Tempo durchgschneuzt und amal hob i beim Frühstück spontan niesen miassn.

I sog eichs, der Esszimmertisch hod ausgschaut, da ganzn Bröckerln vo dem Kaasbrot – und dann der Cappuccino, in dem sie umananda-gschwumma san, den hodsma aa aussaghaut, do host du einfach koa Kontrolle mehr – der Nieserer, der is ned zum bremsen. D'Frau sagt in ihrer weiblichen Ahnungslosigkeit: „Reiß di zamm!", owa des geht ned! Und dann schimpfts, weil sie des Niesergebnis wegraama muass. Des is des, wos mi manchmal frustriert: Do kämpfst ums Überleben, dann wirst no gschimpft! Des duat dem Immunsystem ned guat, weil des brauchert in solchen Momenten ein Lob!

I wenn ned so krank gwen waar, i hätts ja wegputzt, owa unmöglich! I hob ihr dann gschrian: „Kimm, schnell!" Sie hod mi volle drei Mi-nuten in mein Elend sitzen lassen und is dann erst kema, weil sie hod Migräne ghabt oder irgend sowos, aaf jeden Fall wos Leichts bloß! Sie hod ja im ersten Moment gmoant, i hätt kreislaufmäßig wos, weil i aso gschrian hob, owa i hobs beruhigt und gsagt: „Keine Panik, des wird scho wieder! Owa wischs weg, mir graust direkt! Und mei Nasn brennt und da Hals kratzt und d'Ohrn pfeifen, brutal! Owa de Extrem-schmerzen hamm aa wos Guads: Jetza kann i mir vorstellen, wos ihr Frauen bei der Geburt mitmachts! Des is zwar wahrscheinlich ned ganz so schlimm wia mei Schnupfen, owa immerhin!"

Sie hod volles Verständnis ghabt, weils gsagt hod. „Ihr Männer seids scho de allerärmsten!" Dann hods de Bröckerln weggeputzt und i hob anschließend, wia alles sauber war, wieder mit letzter Kraft vom Kaas-brot abbissn und vom Cappuccino trunka, dass i ned komplett zamm-brich und wias da Deifl haben will, hob i wieder niassn miassn, aus heiterem Himmel. Wenn i vorher gwisst hätt, dass i wieder niassn muass, hätt i natürlich ned abbissn, is doch klar!

War dann gottseidank nimmer so schlimm, also d Bröckerln scho, weil i hab gscheit abbissn, weil vo dem Bissen vo vorher habi ja nix ghabt, der is ja ned in mein Magen gland, sondern am Tisch. Owa für mei Frau wars ned so schlimm, weil sie war ja mit dem Lappen eh scho da und i hob ihr ned schrein miassn, weil des hätt mi dermaßen an-gstrengt, weil i war ja so schwach! Es is unglaublich, wos ein Mensch aushalt, wenn er sich zammreißt! Jeder konn des ned, owa i war scho immer oaner vo da eher harten Sorte!

Ja, da kinna jetza bloß de lacha, die no nie an so an Schnupfen ghabt hamm wia i! De scho amal oan ghabt hamm, de wissen, do geht's um Leben und Tod, do vergeht dir alles!

Owa wie gesagt, normal jammer i nie, bloß in so Extremsituationen wie Schnupfen zum Beispiel. Bei lebensbedrohlichen Sachen wia an Zahn plombiern oder Darmspiegelung, da jammer i Null, kein Wort, weil da habi Vollnarkose!

Aber es geht ja ned bloß ums Jammern, es geht allgemein ums sich-äußern, ums schmatzn praktisch!

Uns Männer wird ja oft nachgsagt, dass wir grundsätzlich nix sagen. Owa do kinnma nix dafür, des kimmt aus der Steinzeit, als wir noch Jäger und Sammler und Wurzler warn! Ja glaubst du, wir hättma ein Mammut erwischt, wenn wir die ganze Zeit gratscht hätten? Stell dir des amal vor, du hockst als Neandertaler zu dritt oder zu viert hinterm Busch, lurst auf ein Mammut, 's Wei wart dahoam in da Höhle mit de fünf oder sechs Neanderln aafs Essen und dann sagst du zu deine Neanderkumpln: „Hey, wia geht's eich so? Alles gut? Kinder gsund, d'Frau aa? Trinkma an Prosecco?"

Und dann antwortet jeder und erzählt, wias dahoam so lafft oder dass er a neie Hüftn kriagt hod oder a Gartenheisl baut oder sunstwos – nie und nimmer hätten de a Mammut dawischt, weil des Mammut hätt ja de Ratscherei ghört und waar im Galopp davo. Und dann waarn alle verhungert und d'Menschheit waar ausgstorm!

Und drum san Männer eher wortkarg, des is a Überlebensstrategie aus da Urzeit! Owa Frauen interpretiern des als Interesselosigkeit!

Interesselosigkeit? Do konn i als Mann bloß oans sagen: Des kannt aa sei!

Duselbauer

Sepp: Gestern hob i mir an neia Ausweis macha lassen! Des war ganz schee frustrierend!

Kare: Frustrierend? Wia des? War er so deier?

Sepp: Naa, wega dem Foto! Wia i vor zehn Jahrn mein letzten Ausweis macha hob lassen, do hob i no scheene schwarze Hoor ghabt! Und jetza sans alle grau, fast scho weiß! I schau aus, als hätt i Raureif am Schädl. So eine drastische Veränderung innerhalb vo zehn Johr, brutal!

Erwin: Des stimmt! Des is echt brutal! Mir is grad aso ganga! I hob braune Hoor ghabt wia a Hengst vor zehn Johr und etza bini grau wia a Esel! So eine frustrierende Veränderung! Und dermaßen rasant!

Kare: Mei liawa, des wenn i aso hör, dann muass i song, dass i do a Riesenglück ghabt hob! Vo dera rasanten Veränderung bin i komplett verschont worden, wahrscheinlich san des de guadn Gene! Weil i war vor zehn Johr scho plattert und bins immer no!

Oberpfälzer Grillabend

Kare und seine Gattin Hilde haben die Freunde Sepp mit Gattin Rosa und Erwin mit Gattin Lisa zum Grillen eingeladen. Sepp hat seinen Neffen Kilian-Kevin (kurz Kaka genannt) mitgebracht.

Kare: Ja, da Kaka! Segtma di aa wieder amal! Mei, bist du grouß worn! *Sentimental:* Jaja, aso is im Leben: Aus an Buberl wird a Bou!

Sepp: Genau! Und aus an Kaiberl wird a Kouh!

Rosa: Und aus an Schouherl wird a Schouh!

Erwin: *Grinsend:* Und aus an Reischerl wird a Rausch!

Lisa: *Mit kritischem Blick auf den Grill und dann auf Erwins üppigen Bauch:* Und aus an Wammerl wird a Wampn!

Der beliebte Mai

Kare: Wennma aso überlegt: Da beliebteste Monat is eindeutig da Mai!

Sepp: Da Mai? Wia kimmst aaf des?

Kare: Überleg doch, wiaviel Begriffe dass gibt, wo überall da Mai vorkimmt! Des is da Wahnsinn! Maibaam, Maikäfer, Maiglöckchen, Maibowle …

Sepp: Maibock!

Kare: Genau! Oder „Tanz in den Mai" oder „Der Mai ist gekommen"! Da Mai is einwandfrei da beliebteste Monat! Erwin, wos sagst do du?

Erwin: Des stimmt! Mei Frau, de sagt sogar zu mir manchmal Mai! Wenn i bsuffa hoamkimm zum Beispiel!

Sepp: Ohne Schmarrn? Dann sagt dei Frau Mai zu dir?

Erwin: Jawoll!

Kare: Echt jetza? Obwohl du Erwin hoaßt, sagt de Mai zu dir?

Erwin: Wennes eich sog! I wenn zur Tür einakimm und sie segt mi, dann sagts sofort: „O Mai, o Mai, wia schaust denn du wieder aus?"

Fünfmaliger Wechsel

Kare: Mensch, wenn i aso nachdenk, dann is fei direkt aso, dass i scho kenn, dassma älter wern! Grad jetza, wo wieder Vatertag is!

Sepp: Ehrlich? An wos kennst des?

Kare: Früher, do samma mit acht Mann zehn Stunden aaf Tour ganga und hamma mindestens fünfmal 's Wirtshaus gwechselt, weil uns so dürscht hod! Und jetza? Wos is jetza? Jetza gemma am Vatertag mit de Frauen drei Stund zum Wandern und wechseln mindestens fünfmal unser Hemad, weilma aso schwitzen!

Die Lady und der Lord am Fjord

I schau mir ja gern aaf de privaten Fernsehsender Werbung an, des is oft recht interessant und abwechslungsreich, weil ständig a andere kimmt. Stundenlang konnst di do amüsiern. Manchmal unterbrechens de Werbung mittndrin und bringen an Film, owa selten, meistens lafft d'Werbung durch, bisma eischlafft.

Neulich hob i wieder amal Zeit ghabt, hobma a Weißbier aufgmacht und a Familienpackung Chips, hob mi aaf d'Wohnzimmercouch ghockt und hobmi gfreit aaf an scheena Werbungsabend, weil d'Frau war ned dahoam. Und er is richtig guat losganga, der Abend: Kimmt a Werbung mit einer jungen Dame, de hod super ausgschaut und vor allem hods bloß weinrote Dessous anghabt und Ohrringe, sunst nix. I hobma denkt, des is vielleicht a Werbung für Unterwäsch und eventuell wechselt de scheene Frau aaf andere Dessous und i konn dabei zuaschaun und in Ruhe Chips essen.

Owa dann is da Schock kema: De hod Blasenschwäche ghabt und Werbung gmacht für homöopathische Inkontinenzdragees! Des is eine Sauerei! Kinnan de für so greisliche Sachen koa andere nehma? A ältere, de ned so guat ausschaut? Do machst dir Hoffnungen aaf a ästhetisches Erlebnis und dann sowos! Mir is direkt da Durst verganga, wenn i ehrlich bin! Lauter Deppen!

Apropos: Dadurch, dassma im Fernseh so oft Deppen segt, wirdma manchmal direkt selber zum Deppen! Des is mir passiert! Losganga is aso:

I kimm ins Wohnzimmer eine, keine Sau drin, owa da Fernseh lafft! Und wos lafft? Genau, a typischer Film vo dera Roswitha Pilcher oder wia de hoaßt. A Indiz für mi, dass mei Frau den Fernseh eigschalt hod! De schaut immer so Sachen! Roswitha Pilcher oder Lola Saftström oder Uta Nutella und wia de ganzen Liebesromanschreiberinnen sunst no hoaßn! I hass derartige Filme, weils allaweil des Gleiche is: Zerst streitens, dann heiratens! Total lebensfremd, weil normal is umkehrt!

Ja, dassi weidaerzähl: I kimm ins Wohnzimmer, da Fernseh lafft und mei Frau hängt draußen im Garten d'Wäsch aaf – als daad da Strom fürn Fernseh nix kosten!

I wenn in da Friah kurz mei Ei abschreck, dann hoaßts: „Verpritschel ned so viel Wasser mit dein Oa!" Owa sie haut den Strom im Wohnzimmer megawattweis auße und hängt draußen Wäsch aaf!

De wascht sowieso zviel, viel zviel! I hob erst neulich durch Zufall außakriegt, dass de meine Strümpf wascht, obwohls i erst drei Dog anhob! Des muassmase amal vorstelln! Bereits nach drei Dog wascht de de Strümpf! I hob gsagt zu ihr: „Bist du wahnsinnig? Wieso wascht du de Strümpf? De san einwandfrei!"

Dann sagt sie: „Drei Dog de gleichen Strümpf! Du bist a Ferkel! Kein normaler Mensch hod drei Dog de gleichen Strümpf an!"

„Moooment!", hob i gsagt, „Moooment! Denk doch mit! In da Nacht hob i de Strümpf nicht an! Also trag i de erst 1,5 Dog! De san praktisch unbenutzt!"

Des war ihr wurscht und sie hods gwaschen, ein Wahnsinn! Kaum host du dich an an Strumpf gwohnt, muasst di mit an neia anfreunden! I hass des, de ewige Umstellung!

Mit meine Hemden is no schlimmer! De wascht a Hemd bereits nach 1 (in Worten: Oan) Dog! Des is krankhaft! „A Hemd ghört sich täglich gwechselt!", hods gsagt, „ Socken eigentlich aa!"

Aso geht's den ganzen Dog: Wechseln, wechseln, wechseln! I hobs am Stammtisch meine Kumpel erzählt –„meine Frau hod den Wechselwahn!", hobi gsagt, „i hör bloß allaweil ‚wechseln'!"

„Des is klar", hamms gsagt, „des san de typischen Wechseljahre! Uns geht's ned anders mit unsere besseren Hälften!"

I hob an des Umweltbewusstsein meiner Frau appelliert und hob gsagt: „Des ewige Waschmittel, wo landet des? In de Flüsse landet des! Dann brauchst di ned wundern, wenn die Forelln nach Lenor schmeckt und der Karpfen nach Persil! Dann brauchst di ned wundern! A Fisch soll fischeln und ned nach Lavendel durften oder Frühlingsfrische!"

Sie hod des gsagt, wos sie immer sagt, wenns koa Argument gegen meine wissenschaftlichen Äußerungen woaß: „Du mit dein Schmarrn!"

Dann howes mit dem Thema Gsundheit probiert. „De hartnäckige Wascherei schädigt den natürlichen Fettfilm der Haut! Des is da Grund für de ganzen Allergien! Heitzudogs is jeder gegen alles allergisch, des is des Waschen, de Haut wird direkt porös! Im Mittelalter, so umara 1900, do hamms ned dauernd gwaschen und do hod koaner a Allergie ghabt! Ok, ab und zu is oan da Fuaß abgfault, owa des war koa Allergie, des war Pech!"

Antwort: „Du mit dein Schmarrn!"

Owa des bloß nebenbei. Aaf jeden Fall kimm i ins Wohnzimmer und da Fernseh lafft, eine typische Szene: Die Lady und der Lord schmusen an einem Fjord! Eine Schmuserei, also direkt ekelhaft! Man hod sogar a Zung gsehn, i glaub, es war dem Lord de seine, mir hod direkt graust! I hob mi higsitzt und wollt umschalten aufs 3. Programm. Weil i mir denkt hob, dass do vielleicht da Schuhbeck grad wos Gschmackigs kocht mit an Ingwer.

I druck bei da Fernbedienung aaf 3, nix passiert! I druck aaf 4, aaf 5, aaf 6, nix passiert! De Schmuserei geht weida, und zwar pornomäßig, man hod sogar d'Zung vo alle zwoa gsehn, voll brutal!

Mittdrin sagt oaner „hallo"! Immer wieder: „Hallo? Hallo? Haaalllooo!"

Owa es warn nur da Lord und die Lady zum sehn. I hob mir scho denkt, eventuell sitzt da Mo vo da Lady im Fjord und schreit „hallo" aussa. Ingsheim hob i ghofft, dass er aus dem Fjord auftaucht und dem Lord oane schmiert, weil der mit seiner Lady umanandaschmust. Owa nix is passiert – de hamm weidagschmust und da ander hod allaweil „hallo" gsagt. „So ein blöder Film!", hob i mir denkt.

Dann is mei Frau mit dem laarn Wäschkorb einakema.

„Wos schaust denn scho wieder so grantig?", hods mi gfragt.

„I drah no durch!", hob i gsagt, „dauernd de Schmuserei! I will umschalten und de bläde Fernbedienung geht ned! I schalt aaf 3, 4, 5, 6 – nix passiert! Du muasst de Batterie von da Fernbedienung öfter wechseln, de geht nimmer!"

„I hobs doch erst gwechselt", hods gsagt, „de konn doch ned scho wieder laar sei!"

„De is owa laar, nix geht!"

"Wo is denn d'Fernbedienung überhaupt?"

„Bist du blind?", hobi gsagt, „do is, i hobs doch in da Hand!"

„Des is doch des Telefon!"

Des war des Telefon! Des war gar ned d'Fernbedienung! Und i hob ned aaf 3, 4, 5 und 6 umgschalt, sondern 3456 gewählt! Und da ander Depp hod abghoben und immer „hallo" gsagt, ständig! Und i hob glaubt, des kimmt aus dem Fjord, des „hallo"!

„Etza hör amal aaf mit dein blädn hallo!", hobi ins Telefon einegschrian, „des is ja ned zum aushalten!"

„Das ist eine Unverschämtheit!", hoda gmoant, „Sie haben mich doch angerufen!"

„I hob di ned ogruafa, i hob umgschalt!", hobi gsagt und aafglegt. So ein Hanswurscht!

„I bin nervlich scho ganz firte", hob i meiner Frau higschimpft, „weil mi de Pilcherfilme aso aafregen! Schau dir doch ned allaweil den Krampf o! Des hod doch mit da Realität nix zum dua! Da Lord mit sein weißen Anzug, mit sein Rolls Royce und mit sein Schloss! Sowos gibt's doch in echt gar ned! Und du schaust des o und moanst, des is echt! Und dann seids unzufrieden, ihr Frauen, weil eier Mo ned auschaut wia da Lord und weil er koa Schloss hod! Dann kemmts mit da Realität nimmer zurecht, des is des! An so an irrealen Schmarrn daad i mir nie und nimmer oschaun! Do verblödet man mit da Zeit!"

„Aha", hods schnippisch gsagt, „meine Filme san also irreal! Und deine san ebba real?"

„Natürlich! I schau mir nur de Realität o!"

„Die Realität schaust du dir o? Und d'Simpsons san Realität?"

„Ja freilich! D'Simpsons san de volle Realität! Ein Spiegelbild der amerikanischen Gesellschaft! Weil wenn aso a Depp wia da Homer Simpson im Atomkraftwerk arbeiten konn, dann brauchst di ned wundern, wenn da ganz Ander Präsident wird!"

„Du mit dein Schmarrn! Und Tom und Jerry? Is des aa Realität?"

„Sowieso! Der ewige Konflikt zwischen Katz und Maus! Zwischen Gut und Böse! Zwischen Schwarz und Weiß! Zwischen Dick und Doof! Des is direkt philosophisch!"

„Und da Mister Bean?"

„Der erst recht, realer geht's gar ned! Da typische Engländer!"

„Du woaßt immer wieder wos!", hods gsagt.

Und do hods ausnahmsweise recht!

Gute Nacht, Oma

Es ist ein bewährtes Rezept, Kindern, die partout nicht einschlafen wollen bzw. können, eine Gute-Nacht-Geschichte zu erzählen. Denn erstens regt dies die kindliche Phantasie an und führt dazu, dass aus dem Kind kein stumpfsinniger und gefühlsarmer Erwachsener wird, zweitens ermüdet die Konzentration auf den Handlungsfortgang der Geschichte das infantile Gehirn und ehe man sich's versieht, schlummert das vormals aufgeweckte Kind sanft ein. So ist es zumindest theoretisch. In der Praxis kann diese Taktik auch nach hinten losgehen! Dies ist der Oma passiert, die auf den fünfjährigen Kurti aufpassen musste, weil seine Eltern sich eine rauschende Ballnacht bei der örtlichen freiwilligen Feuerwehr (mit Tombola und spontaner Polonaise!) gegönnt haben. Der Abend ist zufriedenstellend für Oma und Enkel verlaufen, nun ist aber für Kurti Schlafenszeit. Doch dieser denkt an vieles, nur nicht an Schlafen! Mit großen Augen liegt er – stolz auf seinen neuen Schlafanzug mit Bart-Simpson-Konterfei – im Bett und hat das Bedürfnis, der Oma einen anschaulichen Wochenrückblick über seine Erlebnisse im Kindergarten zu präsentieren. (Noch) geduldig hört sie seinem Bericht zu.

Kurti:	… und dann hod's Kindergartenfräulein zum Kevin gsagt, er soll der Schantall ned allaweil an Wurm affewerfa!
Oma:	Genau! Do hods recht, des Kindergartenfräulein! Des tut man nicht, des is a Sünde! Ja pfui Deifl!
Kurti:	Ehrlich, Oma? Is des a Sünde?
Oma:	No freilich!
Kurti:	Hod da Jesus gsagt: „Du sollst der Schantall keinen Wurm hinaufwerfen!"?
Oma:	So direkt hod er des ned gsagt, owa er hod gsagt, dassma seinen Nächsten lieben soll!
Kurti:	Wen?
Oma:	Seinen Nächsten!
Kurti:	Wer isn des?
Oma:	Alle san des! D'Schantall is aa dei Nächster!
Kurti:	Naa, d'Schantall ned. De is mei Übernächster! Weil neba mir sitzt in da Kindergartengruppe da Rumpler Dirk, des is mei Nächster, dann kimmt erst d'Schantall.

Oma:	*Leicht genervt:* Aso hod doch da Jesus des ned gmoant! Des hodma halt früher aso gsagt vor 2000 Jahren! Gmoant hod da Jesus alle! Du sollst alle lieben!
Kurti:	De Deppen aa?
Oma:	De aa, alle! Alle Menschen sollst du lieben!
Kurti:	De Tiere aa? Oder bloß de Menschen?
Oma:	De Tiere aa! Des san aa Gottes Geschöpfe!
Kurti:	Wos san de?
Oma:	Gottes Geschöpfe! De hod alle da liebe Gott erschaffen?
Kurti:	De Monster aa?
Oma:	De ned, weil de gibt's ja in echt gar ned! Monster gibt's ja bloß in Märchen oder in so Gruselgschichten!
Kurti:	Und in mein Schrank!
Oma:	In dein Schrank? Do gibt's doch koa Monster ned!
Kurti:	Doch! Da Papa hod amal gsagt, wenn i jetza ned glei schlaf, dann kimmt aus mein Schrank a Monster außa und schneid mir meine Ohrn ab, und zwar alle!
Oma:	Aso a Schmarrn! Dei Papa hod dir do wirklich an Schmarrn erzählt, weil Monster gibt's ned!
Kurti:	Bist du dir do sicher?
Oma:	Ganz sicher! I bin jetza 78 Jahre alt und i hob no nie a Monster gseng!
Kurti:	I bin fünf Jahre alt und i hob aa no koans gseng!
Oma:	Eben! Weils koans gibt!
Kurti:	*Leicht verunsichert.* Schaust amal in mein Schrank eine?
Oma:	Warum denn? Es gibt ja koa Monster!
Kurti:	Da Opa sagt allaweil: „Nix Gwiss woaßma ned!"
Oma:	Da Opa! Aaf den brauchst ned geh! Der red oft an Schmarrn daher!
Kurti:	*Lacht amüsiert:* Des stimmt! Der hod amal zu mir gsagt, dass du früher a ganz a scheens jungs Deandl warst! Aso a Schmarrn, gell?
Oma:	*Scharf:* Des is koa Schmarrn, des stimmt!
Kurti:	Owa a Oma kann doch koa scheens jungs Deandl sei! A Oma is doch a Oma!
Oma:	Des verstehst du ned! Irgendwann, wennst aa amal a Opa bist, dann verstehstas!

Kurti:	I a Opa? Des kannst vergessn! I werd doch koa Opa! I bin doch da Kurti und koa Opa!
Oma:	Des is jetza wurscht! Aaf jeden Fall muass da Kurti etza schlafen! Weil wennma groß werden will, dann muassma schlafen! Weil im Schlaf wachstma!
Kurti:	Echt? Im Schlaf wachstma?
Oma:	No freilich! Do hod da Körper Zeit zum wachsen! Wennma wach is, muassma ja dauernd wos anders macha, do konnma ned wachsen!
Kurti:	Dann miassert owa da Kruznbauer Vladimir viel größer sei!
Oma:	*Leicht abwesend, da etwas müde:* Wer?
Kurti:	Da Kruznbauer Vladimir! Der is bei mir in da Kindergartengruppe, owa ned mei Nächster! Der pennt dauernd und is dodal kloa! Wennma im Schlaf wachst, dann miassert der viel größer sei!
Oma:	Des kimmt scho no, so richtig wachsen duatma erst ab 10 oder 11 Jahren, vorher hilft da Schlaf aa nix!
Kurti:	Ja dann! Dann brauchi ja no ned schlafen, wenns nix hilft!
Oma:	Doch, du muasst schlafen! Es geht ja ned bloß ums Wachsen, es geht ja aa ums Hirn!
Kurti:	Ums Hirn? Muass des Hirn aa schlafen?
Oma:	Ja, genau! Des Hirn muass den ganzen Tag denken und drum brauchts den Schlaf zum erholen! Dass am naxtn Tag wieder denken kann! Wenn des Hirn nie schlafen kann, dann laffts hoaß und dann wirdma dumm! Umso mehr man schlaft, umso gscheiter wirdma!
Kurti:	Owa bei uns in da Kindergartengruppe, mei Überüberübernächster, da Bfiedschhauser Norwin, …
Oma:	*Leicht grantig und bestimmend:* Etza sei amal staad mit deiner Kindergartengruppe, etza wird gschlaffa und aus! Du woaßt immer wieder wos!
Kurti:	Owa i bin no ned müde!
Oma:	Dann erzähl i dir etza a schöne Gute-Nacht-Geschichte, dann wirst scho müde!
Kurti:	Ey cool! Wos erzählst du mir denn für a Geschichte?
Oma:	*Überlegt kurz.* Äh, i erzähl dir de Geschichte, wia da kloane Kurti an Schatz gfundn hod!
Kurti:	*Völlig begeistert und hellwach:* Da kloane Kurti? War des i?

Oma:	Ja genau, des warst du!
Kurti:	*Selig in Erwartung des Schatzfundes:* Ey cool! Wo hod denn da kloane Kurti den Schatz gfundn!
Oma:	Also, etza pass auf, etza fang i o! Eines Tages is da kloane Kurti …
Kurti:	*Stolz:* Des war fei i!
Oma:	Jaja, i woaß scho, dass du des warst! Also, da kloane Kurti is eines Tages in da Stadt spaziern ganga.
Kurti:	In da Stadt? Wos war des für a Stadt?
Oma:	In da Stadt halt! I woaß jetza aa nimmer genau, in welcher Stadt, es war aaf jeden Fall a Stadt!
Kurti:	*Drängend:* Ja, owa du muasst doch wissen, wo des war! Wo war denn des?
Oma:	*Genervt:* In Straubing!
Kurti:	In Straubing? Warum bin i in Straubing spaziern ganga? I kenn mi doch in Straubing null aus!
Oma:	I aa ned, owa des is jetza wurscht! Des is ja a Gschicht und koa Wahrheit! Hör einfach amal zua, wias weidageht!
Kurti:	Und d'Mama?
Oma:	D'Mama? Wos is mit da Mama?
Kurti:	War de dabei?
Oma:	*Schon leicht ermüdet wegen der dauernden Erklärerei:* Wo dabei?
Kurti.	In Straubing!
Oma:	In Straubing? *Überlegt kurz und gähnend.* Achso, in Straubing! Naa, de war ned dabei! Da kloane Kurti war ganz alleine in Straubing!
Kurti:	*Von seinem Ausflug nach Straubing selbst schwer beeindruckt:* Cooool! I ganz alloa in Straubing!
Oma:	Gell! Und dann, dann is da kloane Kurti zu an Garten hikema, der war ganz …
Kurti:	*Hat nachgedacht und unterbricht die Erzählung:* Ja, aber, aber wie bin i denn nach Straubing kema? Wenn d'Mama ned dabei war? Zu Fuß is des doch zu weit, oder? Oder? Bin i zu Fuß nach Straubing ganga?
Oma:	*Unkonzentriert, da müde:* Wos? Zu Fuß? Doch ned zu Fuß! Man konn doch ned zu Fuß nach Straubing geh, des dauert ja ewig und 3 Dog!

Kurti:	Gell! Bin i dann mitm Taxi gfahrn oder mitm Bus?
Oma:	*Gähnt ausgiebig.* Ja genau!
Kurti:	Wos genau? Mitm Taxi oder mitma Bus? Mit wos bin i denn gfahrn?
Oma:	*Aufgrund der nervlichen Anspannung durch die lästigen Zwischenfragen vorübergehend hellwach:* Mitm Hubschrauber bist gflogen aaf Straubing! Mit an roten Hubschrauber!
Kurti:	*Total begeistert:* Ey coooool! Mit an Hubschrauber! Bin i do selber gflogen, als Pilot?
Oma:	Sowieso!
Kurti:	Super! *Mit leuchtenden Augen:* Erzähl weiter, bittebitte!
Oma:	*Selbst begeistert von ihrer Hubschrauber-Idee:* Ja, dann is da kloane Kurti zu an Garten hikema, der war ganz geheimnisvoll, wia a Dschungel, mit komische Baama und Blumen und Pflanzen, ganz verwachsen war der, wia a Märchengarten fast!
Kurti:	*Aufgeregt:* Warn da Monster drin?
Oma:	Monster gibt's doch ned!
Kurti:	Ah ja, genau! *Überlegt kurz.* In Straubing aa ned?
Oma:	Naa, in Straubing aa ned!
Kurti:	Owa in an Märchengarten vielleicht doch?
Oma:	Ned amal da, es gibt koane Monster, Punkt!
Kurti:	Ok, weida!
Oma:	Ja, und dann is da kloane Kurti in den Garten eineganga!
Kurti:	Oläck! Und dann?
Oma:	*Wird wieder schläfriger.* Ja, dann war do a kloans Häusl, mehr aso a Hütte und vor dera Hütte war a Ding, a Loch.
Kurti:	A Loch? Wos für a Loch?
Oma:	Mei, a Loch halt! So a Loch im Boden, des hod wer gegraben mit ana Schaufel.
Kurti:	Wer nacha?
Oma:	*Schon sehr schläfrig und gähnend:* Jaja …
Kurti:	*Zerrt an Omas Arm:* Wer nacha?
Oma:	*Erschrocken:* Wer wos nacha?
Kurti:	Wer des Loch gegraben hat mit da Schaufel?
Oma:	Wos für a Loch?
Kurti:	Des Loch vor der Hütte!

Oma:	*Erinnert sich wieder an den Garten mit der Hütte in Straubing.* A Mann hat des gegraben, a Mann!
Kurti:	A Mann? Warum hat der Mann a Loch gegraben? War des a Irrer?
Oma:	Des war doch koa Irrer! Des war a Gartler!
Kurti:	Wos is a Gratler?
Oma:	Koa Gratler, a Gartler! A Gartler, des is a Gartenfreund! Oaner, der a Freid hod an der Gartenarbeit! So oaner war des, genau! *Gähnt lange und herzhaft.*
Kurti:	Und warum hat der des Loch gegraben? Wollt der a Radieserl pflanzen?
Oma:	Doch koa Radieserl! Für a Radieserl brauchtma doch ned glei a drum Loch graben! Naa, der wollt an Baum pflanzen!
Kurti:	An Apfelbaum?
Oma:	Äh, ja genau, an Apfelbaum! An Apfelbaum wollt er pflanzen!
Kurti:	Warum an Apfelbaum? A Bananenbaum waar besser!
Oma:	*Ist kurz eingenickt, weshalb Kurti erneut an ihrem Arm zerrt.*
Kurti:	Oooomaaaa!
Oma:	*Schrickt hoch und gibt dabei einen grunzenden Laut von sich.* Wos? Wer?
Kurti:	A Bananenbaum waar besser, oder?
Oma:	Scho!
Kurti:	Und warum hod er dann an Apfelbaum pflanzt?
Oma:	*Verwirrt, im Halbschlaf:* Wer?
Kurti:	Der Gratler in Straubing!
Oma:	Wos für a Gratler?
Kurti:	Der mit dera Hütte in dem Garten, wo da kloane Kurti eineganga is.
Oma:	*Für einen Moment wieder Herr bzw. Frau ihrer Sinne:* Achso, der! Ja, der hod an Apfelbaum pflanzt, weil de warn beim OBI im Angebot.
Kurti:	Und wo war er dann?
Oma:	Wer? Da OBI?
Kurti:	*Ungeduldig, nervig:* Naa, der Mann, der wo mit der Schaufel des Loch gegraben hod! Wo war denn der?
Oma:	Der hod sich a Brotzeit gholt!
Kurti:	A Brotzeit? Wos nacha?

Oma:	Wos woaß i, i kenn den ned persönlich. Wahrscheinlich a Leberkaassemmel.
Kurti:	Oder an Döner vielleicht?
Oma:	Des konn aa sei eventuell.
Kurti:	*Wägt Döner und Leberkaas in seinem Kopf gegeneinander ab und kommt dann zu folgendem Ergebnis:* Is ja wurscht!
Oma:	Genau! Is ja wurscht! Vollkommen wurscht! *Ist bleiern müde und nickt wieder kurz ein, was Kurti missfällt.*
Kurti:	*Harsch, fast militärisch:* Oma!!
Oma:	*War kurz in einen Sekundentraum abgetaucht.* A kloans Radler!
Kurti:	Wos?
Oma:	*Wieder halbwegs wach:* Ach, i hob bloß draamt, dass i im Wirtshaus bin und d'Bedienung hod gfragt, wos i trinken mag. Bist du gar ned müde? Du muasst doch langsam müde sei!
Kurti:	Naa, gar ned! Du musst mir de Geschichte no fertig erzählen! Du host doch gsagt, dass der kleine Kurti an Schatz gefunden hod!
Oma:	Ehrlich? An Schatz host du gefunden? Wo nacha?
Kurti:	Des woaß i ned. Du wolltst mir des doch erzählen!
Oma:	Ah ja, genau! Etza bini momentan a weng aus dera Gschicht aussagrutscht. Kannst du mir bitte kurz erzähln, wos bisher passiert is!
Kurti:	Ja guat. Also, da kleine Kurti is mitm Hubschrauber nach Straubing geflogen!
Oma:	Mitm Hubschrauber? Des glaubst doch selber ned!
Kurti:	Owa des host du gsagt!
Oma:	Achso, des hob i gsagt! Ja dann, dann wird's aso gwesn sei! Und dann?
Kurti:	Dann is da kleine Kurti in Straubing spaziernganga …
Oma:	*Im Schlummermodus:* Jaja, da Kurti, des is scho oaner, mei liawa! Jessas naa, der Kurti!
Kurti:	Und dann is er in einen Garten eineganga, da war a Hütte und a Loch!
Oma:	*Mehr schlafend als wach:* A Loch … da war a Loch, jaja …
Kurti:	Ja, weil des hod a Mann gegraben, der wollt an Apfelbaam pflanzen! Oma? Ooomaaa!

Oma schläft friedlich in Kurtis Bett, da Gute-Nacht-Geschichten müde machen, besonders wenn sie der Enkel erzählt. Kurti besteht jedoch auf seinen Schatzfund und kitzelt Oma unter der Achsel.

Oma: *Schreckt hoch und ruft nach einem kurzen Grunzlaut:* De blaue is fürn Bluatdruck! *Sie hatte von der abendlichen Tabletteneinnahme geträumt.*

Kurti: Du musst mir des no erzählen, wie da kleine Kurti den Schatz gefunden hat!

Oma: Kurti, i bin dermaßen miad, i erzähls dir morgen! Etza schlaf halt du aa!

Kurti: *Quengelnd:* I mag aber des no wissen mit dem Schatz! Wo war denn der Schatz? Im Loch?

Oma: Ja genau, do wara! Im Loch! A Schatz is immer im Loch, immer! *Taucht erneut in den Tablettentraum ab.* Und de rote, de is gegen Krampfadern. *Schlummert weiter.*

Kurti ist gezwungen, sich die Geschichte selbst zu Ende zu erzählen, was ihm ganz gut gelingt. Er erzählt sich, dass an der Hütte eine Schaufel lehnte und der kleine Kurti mit dieser im Loch grub und einen Schatz, bestehend aus Schmuck, Edelsteinen, Handys und mehreren Milliarden Euro fand. Leider kriegt Oma das sensationelle Ende der Geschichte nicht mehr mit, da sie tief und fest schläft. Kurti wechselt vom Kinderzimmer ins Wohnzimmer und schaltet den Fernseher ein. Es beginnt gerade der in einem Hotel spielende Horrorschocker „Blutrausch in Zimmer 12". Kurti schläft aber bereits vor der ersten Bluttat friedlich auf der Couch ein.

Ich habe mich schon in einer frühen Phase meines Lebens damit abgefunden, dass ich nicht alles kann. Zum Beispiel Fußballprofi beim FC Bayern werden – das musste ich mir bereits mit ca. 10 Jahren abschminken, da ich ein körperlich sehr massives Kind war, welches bei der Kommunion schon schwerer war als die meisten Profifußballer bei der Hochzeit!

Auch die in der Pubertät täglich und nächtlich wiederkehrende Phantasie, dass ich Rockstar werde, dem die Herzen und Slips der jungen bildhübschen weiblichen Fans zufliegen, hat sich nie erfüllt. Nach längerem Nachdenken kam ich zu dem Schluss, dass es nix wird mit der Rockkarriere. Dagegen sprach einerseits meine Ferne zu den Zentren der Szene – Furth im Wald ist einfach zu weit weg von Memphis oder London und meine Monatskarte ging nur bis Cham.

Dagegen sprach aber auch meine unterirdisch schlechte Gesangsstimme, die maximal für einen Rapper gereicht hätte, welchen es damals noch nicht gab; und dagegen sprach auch die Tatsache, dass ich kein Musikinstrument lernen wollte bzw. konnte, da mein Verhältnis zu Notenschlüssen, G-Dur und sonstigen musikalischen Voraussetzungen noch schlechter war als meine Gesangsstimme.

Auch einige andere Karrieren kamen für mich wegen mangelnder Begabung bzw. Attraktivität bzw. beidem nicht in Betracht. Diese mir verbauten Chancen alle aufzuzählen, würde den Rahmen dieses Buches sprengen, da es nur etwa 160 Seiten hat.

Ein Berufszweig, der bei mir zum Hungertod geführt hätte, wenn ich ihn einschlagen hätte müssen, ist der des Handwerkers. Und zwar des Handwerkers in jeder denkbaren Ausfertigung: Schreiner, Zimmerer, Installateur, Elektriker, Dachdecker, Maurer …, ich hätte in keiner dieser Sparten eine Chance! Ich bin handwerklich dermaßen unbegabt, dass es schon fast peinlich ist, ehrlich!

Nun bin ich aber von der geschlechtlichen Zuordnung her ein Mann. Und ein Mann kann jederzeit zugeben, dass er zu korpulent ist, um Fußballprofi zu werden, oder zu grobschlächtig, um Model zu sein, oder zu ehrlich, um eine politische Karriere zu machen – das alles kann man(n) eingestehen.

Nicht aber, dass man(n) handwerklich ein Volldepp ist! Schon gar nicht gegenüber Männern, die dies nicht sind und schon überhaupt nicht gegenüber Frauen! Denn Frauen bewundern Männer, die „sich helfen können" mit Hammer, Hobel, Phasenprüfer oder Einspritzpumpe.

Männer des Wortes, wie ich es bin, werden in der Regel mitleidig belächelt und aus reinem Erbarmen als Pausenclown geduldet.

Die Tatsache, dass ich niemals zugeben würde, mich handwerklich über-
haupt nicht auszukennen, führt manchmal zu beinahe skurrilen Situatio-
nen.

Unlängst saß ich mit meiner Frau und zwei befreundeten Paaren zwecks
Grillabend auf der heimischen Terrasse, die mir ein guter Bekannter gepflas-
tert hat, weil ich es nicht kann – geschützt von einer Hecke, die meine Frau
gepflanzt hat, weil ich es nicht kann. Ich wollte das Gespräch auf eine lite-
rarische Ebene heben, da ich gegenüber den anderen beiden heimwerkenden
Männern auf diesem Gebiet glänzen hätte können.

Dies gelang mir nicht! Einer von den beiden – ich nenne sie der Einfachheit
halber Sepp und Kare – hatte sich vor wenigen Tagen ein Gartenhaus (na-
türlich selbst!) gebaut und berichtete stolz darüber. Ich schildere nun den
Gesprächsverlauf dieses Abends, bitte aber um Nachsicht, wenn nicht alle
in meiner Erzählung vorkommenden handwerklichen Fachbegriffe stimmen
(wahrscheinlich stimmt überhaupt keiner!), denn wie schon erwähnt: Ich
bin ein glatter

Handwerksdepp

Kare: Is a mords a scheens Gartenheisl worden!

Sepp: Host a Fundament aa gmacht?

Kare: No freilich, eh klar! Verstärkt mit 24er Kanteisen! 18 Stück hob i einepfeffert!

Sepp: Hätt i aa gnumma! A 24er is einfach stabiler! Toni, wos sagst do du?

Toni: *Keine Ahnung, wovon die beiden reden:* Aaf jeden Fall a 24er! Beim Kanzeisen sollma ned sparn! I hätt glei 20 einepfef-fert, wenn i ehrlich bin!

Kare: Kanteisen!

Toni: Ja genau, Kanteisen natürlich! *Kopfschüttelnd:* Kanzeisen, tztztz, wia kimm i denn aaf so an Blädsinn!

Sepp: Wos host denn für an Frostschutz drin, Kare?

Kare: An mittelkörnigen Ruckelkies, mineralische Flachkör-nung! Sicher is sicher!

Sepp: So oan hob i bei meiner Garageneinfahrt aa. „Keine Expe-rimente" sog i allaweil! Oder, Toni?

Toni:	A Ruckelkies is a Ruckelkies! Am besten der mit der kriminalischen Flachkörnung!
Frau Toni:	Woaßt du überhaupt, wos a Ruckelkies is?
Toni:	*Kopfschüttelnd, leicht empört:* I werd jetza ned wissen, wos a Ruckelkies is! A Ruckelkies is der Frostschutz an sich, des woaßma doch! *Mit überlegener Miene zu Sepp und Kare:* Weiber! Keine Ahnung, owa mitreden! Tztztz!
Sepp:	Host an Abzug aa drin im Gartenheisl?
Kare:	Eh klar! Falls amal rengt, kannma drin grilln. Und dann bist ohne Abzug verratzt!
Sepp:	Wia host denn den gmacht, rein interessehalber?
Kare:	Noja, wiama halt an Abzug aso macht: An schnelltrocknenden Schlämmbeton, mit dem hobi den Sturzytong ausgschlämmt, weil dicht solls scho sei! Willma ja ned ersticka, oder? *Lacht.*
Sepp:	A Schlämmbeton, des is des A und O! Der dicht wia d'Sau! Owa man muass Obacht geben, weil aushärten duat der sehr schnell! Du muasst scho de Dehnfugen alle erwischen mit dem Schlämmbeton, weil wenn er hirt is, dann is z'spät! Und de Dehnfugen, de hamm den Deifl gseng, de san dermaßen schmal!
Kare:	Do host du recht! Bist schaust, is er hirt! Owa des woaßma ja, drum hobi gschlämmt wia da Deifl, dassi de Dehnfugen alle erwisch! Toni, was haltst du vom Schlämmbeton? A feine Sach, oder? Früher, mit dem Rauhrieselkalk, des war eine Qual!
Toni:	*Ohne jeglichen Schimmer, über was die beiden reden:* Bist schaust, is er hirt!
Kare:	Haargenau, du sagst es! Und i hob natürlich oben a 14er Kranzblech draufgmacht, weil wenns rengt, dann host de Scheiße do!
Toni:	Ehrlich? Host ebba a Klo aa drin?
Kare:	Witzbold! *Zu Sepp:* Ha, der Toni, des is scho oaner! Allaweil an Witz parat! *Kopfschüttelnd:* „Host ebba a Klo aa drin?", sagta! Also der Toni!
Toni:	*Hat die Frage eigentlich ernst gemeint:* Mei, kennst mi ja! I mach gern amal an Witz, zwischendurch!

Kare:	Jaja, i kenn di scho. Naa, a Klo hobi natürlich ned drin! I moan, wenns rengt, dann wird der Schlämmbeton feicht, dann rinnt er an dem Sturzytong owa und dann host de Scheiße do!
Toni:	Is scho klar! Und drum host des Kranzblech drauf! Logisch!
Kare:	Du kennst di aus!
Frau Toni:	Woaßt du überhaupt, wos a Kranzblech is?
Toni:	Natürlich, des woaß doch jeder! Des is aso a kranzartiges Blech! *Ungehalten:* Etza unterbrich uns ned dauernd!
Sepp:	Host dir a Terrasse aa hibaut an dei Gartnheisl?
Kare:	Selbstverständlich! Mit Granitschieferplatten, tschechische, Plattmaserung!
Sepp:	40er?
Kare:	Naa, 30er! I find, de 30er san besser, ned so wuchtig! Oder Toni, wos sagst du?
Toni:	*Nach wie vor komplett ahnungslos:* De 40er san wuchtiger! Fast **zu** wuchtig!
Kare:	Genau! Do host du vollkommen recht! I hobs schwimmend verlegt!
Toni:	Ehrlich? Host ebba an Swimmingpool aa?
Kare:	*Lacht herzlich:* Also du bist dei Geld wert! An Swimmingpool! Geh leck mi doch fett, bist du ein Witzbold. *Lacht immer noch, Toni lacht auch, obwohl er nicht weiß, warum Kare lacht.*
Sepp:	Jaja, aso a Terrasserl vorm Gartenheisl, des is scho wos Scheens! Wenn halt der Wind ned immer waar! Der Wind, der versaut dir oft alles!
Toni:	*Eifrig, weil er vorübergehend weiß, um was es geht, nämlich um den Wind:* Des stimmt! Also der Wind, der versaut dir alles! Oft! Äh, apropos: Mog jemand no a Bratwürschtl?
Kare:	Naa, mersse! Etza samma grad so schee beim Ratschen, bleib hockert!
Toni:	A Wammerl waar a grad fertig, wer liabei a Wammerl mog. *Würde gern die für ihn sinnlose Unterhaltung über Gartenheisln und gepflasterte Terrassen beenden.*
Sepp:	Host wos gmacht gega den Wind? An Windschutz?
Kare:	No freilich, i bin doch ned bläd! I hob an des Gartenheisl aaf da Wetterseitn a Regulitscheibe higmacht!

Sepp:	Regulit? Wos is jetza des? Toni, kennst du a Regulit?
Toni:	A Nackensteak hätt i aa no, wenn oaner liaber des mog!
Sepp:	Naa, echt ned, danke! Kare sog, wos is a Regulit?
Kare:	Des is ganz wos Neimodisches! Aso a Art Kunststoff mit Glaseigenschaften! So gelblichweiß, owa mehr ins gelbliche, owa scho weiß aa irgendwie! Wetterbeständig vo plus 40 bis minus 30 Grad, sogar hagelimmun! Des is vo da Raumfahrttechnik, do hamms des entwickelt! Fürn Mars oder so!
Toni:	*Dem die Unterhaltung immer unangenehmer wird und der von Regulit noch nie etwas gehört oder gelesen hat:* Apropos Mars: Mog jemand wos Siass? A Bounty hättma aa! Und Gummibärln!
Sepp:	Naa, lass bleim! Du Kare, jetza, wo du des sagst mit da Raumfahrt, jetza fallts mir wieder ei: I kenn des scho, des Regulit! I hob des letzdings am Fernseh gseng! Des is ganz wos Guads! Des wird ned blind, aa bei heftiger Sonneneinstrahlung, gell?
Kare:	Genau! Des wird ned blind!
Toni:	Ahhh! Natüüürlich! Des hob i aa gseng! Freilich, etza fallts mir wieder ei! Rigulet, freilich!
Kare:	Regulit hoaßts!
Toni:	Wos hob i gsagt?
Sepp:	Rigulet!
Toni:	Ehrlich? Wia kimm i denn aaf sowos?! Regulit natürlich! Des wird ned blind, gell?
Kare:	Genau! Und des hob i aaf da Wetterseitn vom Gartenheisl higmacht! So zwoa auf zwoa Meter!
Sepp:	Ja, und wia host des festgmacht? Konnma des nageln? Oder klebtma des oder wos?
Toni:	A Bier mog aa koaner mehr?

Sepp und Kare betrachten ihre leeren Gläser und nicken. Toni geht Bier holen und freut sich, dass er wenigstens drei Minuten dem Wahnsinn auskommt. Die Unterhaltung über Regulit und sonstige Heimwerkerartikel langweilt ihn zu Tode und übersteigt seinen handwerklichen Horizont um mehrere Etagen. Doch als er mit dem Bier zurückkommt, muss er feststellen, dass man immer noch beim Regulit ist. Jetzt ist dessen Befestigung das Thema.

Toni:	Sodala, do is's Bier! *Stellt 3 Halbe ab, Gläser braucht es nicht.*

Die Frauen rufen vom Nebentisch herüber „Und mir kriagn nix mehr?" Toni freut sich, dass er der Handwerkerkommunikation erneut kurz entfliehen kann, wird jedoch aufgehalten.

Sepp:	Stell dir vor Toni, des Regulit brauchst weder nageln noch dübeln!
Toni:	A geh! Ehrlich?
Kare:	Wennes eich sog! I hob des einfach unt und om festgflaunscht mit an Elastolanbinder!
Toni:	Glauben möchstas ned!
Sepp:	Und des halt?
Toni:	Hundert Pro! Wennst du mit an Binder a Regulit hiflaunschst, des halt ewig!
Kare:	Owa du muasst natürlich scho an Flaunschbinder nehma, a Dübelbinder geht ned, a Flexibinder scho zwoamal ned!
Sepp:	Des is klar, da Flexibinder is ja wasserlöslich! Do wenns rengt, do hauts dir de Regulitscheim owa!
Toni:	*Ahnungslos, aber eifrig:* Inklusive Flaunsch!
Frau Toni:	*Vorwurfsvoll:* Ja, kriangma jetza mir aa wos zum trinka oder ned?
Toni:	*Nachdem er aufgestanden und an den Damentisch gegangen ist:* Sorry, owa mir hamm bloß grad no gred übern Flaunsch!
Frau Toni:	Übern Flaunsch? Wos isn des?
Toni:	No, da Flaunsch! Den brauchst fürs Regulit, sonst halt da Binder ned! Und wenns rengt, dann geht's dahi!
Frau Toni:	Mach uns liawa an Hugo und red ned so gschwolln daher! A Flaunsch! Er! Wahrscheinlich woaßt du überhaupt ned, wos des is!
Toni:	Eher scho wia du! *Geht in die Küche zur Hugozubereitung.*

Kare und Sepp setzen inzwischen die Unterhaltung fort. Sie sind inzwischen beim Thema Auto angekommen, was Toni aber aufgrund Abwesenheit nicht mitgekriegt hat. Als er zurückkommt, ist er der festen Meinung, das Gespräch dreht sich immer noch um das Gartenhäusl.

Sepp:	Ja, und wos hod dann gfehlt? Is des Einspritzritzl vom Kühlschlauch porös worn?
Kare:	Des hob i zerst aa gmoant, owa des wars ned! De Spundscheim von da Ansaugbelüftung war ned ganz dicht, des wars!
Toni:	Hod dann des Regulit trotzdem ghaltn?
Kare:	Des Regulit? Wos hod jetza's Regulit mit da Ansaugbelüftung zum dua?
Toni:	*Unsicher:* Äh, i moan ..., wega dem Flaunsch moan i!
Sepp:	Toni! Mir redma ja über dem Kare sei Auto! Weils ab 3000 Umdrehungen so spotzt, woaßt scho, so ssspppttttppfff-artige Laute!
Kare:	Genau! Und schuld war de Spundscheim von da Ansaugbelüftung!
Toni:	*Haut sich mit der flachen Hand auf die Stirn.* Ach so, AN-SAUGBELÜFTUNG! Jetza hob i mi verhört! Ja dann, dann is des klar, dass der spotzt ab 3000 Umrundungen!
Kare:	Umdrehungen!
Toni:	Genau! Umdrehungen! Dann is des klar!
Sepp:	Owa normal konnst ja de Spundscheim mitana Spannmuffe abdichten. Also, i hob allaweil a Spannmuffe dahoam, sicherheitshalber! Wia is des bei dir, Toni?
Toni:	*Hat sich geistig ausgeklinkt und erwägt, noch einige Bratwürste auf den Grill zu werfen.* Äh, wos sagst, Sepp?
Sepp:	Spannmuffe! Host du aa sicherheitshalber a Spannmuffe dahoam, falls amal d'Spundscheim undicht waar?
Toni:	*Immer noch nicht ganz bei der Sache:* D'Spundscheim? Vom Gartnheisl?
Sepp:	*Lacht.* Vom Gartnheisl! Du bist und bleibst a Naturtalent, wos Witze betrifft! Ehrlich, irgend an dumma Witz host du immer auf Lager! *Kopfschüttelnd und lachend:* D'Spundscheim vom Gartenheisl – i verreck no mit dir!
Toni:	*Hilf- und ahnungslos grinsend:* Gell!
Sepp:	Owa im Ernst: Sag, host jetza du a Spannmuffe dahoam, falls amal wos waar mit da Dichtigkeit vo da Spundscheim?
Toni:	*Ohne irgendeinen blassen Schimmer, was eine Spannmuffe ist:* Naa, i kaffs allaweil frisch! Weil vo dem langa rumliegen werns ned besser!

Kare:	*Zu Sepp:* Do hod da Toni recht! I hob amal oane acht Monat dahoam ghabt und dann hättes braucht. Männer, i sogs eich, da Kreizschlitz war aaf da Kantseitn total porös! De Muffe host du vergessen kinna, de hod nimmer gspannt! Naa, Toni, do bin i deiner Meinung: A Spannmuffe sollma liawa frisch kaffa!
Toni:	*Freut sich total, dass er rein zufällig etwas handwerklich Intelligentes gesagt hat.* Sog i doch! Liawa frisch, dann wird's ned porös aaf da Spannseitn, de Kantmuffe!
Sepp:	Aaf da Kantseitn, de Spannmuffe!
Toni:	Sog i doch!
Frau Toni:	Über wos reds ihr eigentlich?
Toni:	*Souverän-selbstbewusst:* Ach, i hob bloß gsagt, dassma a Spannmuffe liawa frisch kafft! Weil woaßt ja, wias oft is: Wenns zu lang rumliegt, dann wird da Kantschlitz porös!
Kare:	*Mit erhobenem Zeigfinger:* Da Kreizschlitz, Toni!
Toni:	Genau! Der aa!
Frau Toni:	*Kopfschüttelnd:* Um Gottes Willn! Koa Ahnung vo nix, owa schlau daherredn! Leg liawa no a paar Bratwürstl aaf den Grill, mir hättma no Hunger!
Toni:	*Erfreut über diesen Befehl, der den technischen und für ihn unheimlichen Wahnsinn unterbricht:* Selbstverständlich, die Damen! Sofort, die Damen! Bratwürstl frisch und knusprig kommen in Bälde! Ist der Abend mild und lau – schmeckt ein Würstl von der Sau! *Geht in die Küche, um Bratwürsteln aus dem Kühlschrank zu holen.*
Frau Kare:	*Zu Frau Toni:* Also dei Toni, des is scho oaner!
Frau Toni:	A Hanswurscht is er! *Womit sie rein handwerklich gesehen nicht einmal Unrecht hat.*

Während des Würstlholens wechseln Kare und Sepp das Gesprächsthema. Man unterhält sich nun über die Gallenblasenoperation, die Kares Schwiegervater hinter sich hat. Als Toni die Würstl geholt und auf dem Grill platziert hat, setzt er sich wieder an den Herrentisch und ist der festen Meinung, dass nach wie vor die Innereien von Kares Auto besprochen werden.

Kare:	Sepp, i sogs dir, des war echt da Wahnsinn! Der ganze Ablauf war verstopft mit so kloane Stoana! Nix mehr ganga!

	Is klar, wenn de Leitung verstopft is, dann geht nix mehr! Do geht's nimmer anders: Raus damit und aus!
Sepp:	Des daad i aa sagen! Bevor no wos Schlimmers passiert – raus damit! Und unbedingt brauchtmas ja ned! Oder Toni, wos sagst do du?
Toni:	*Selbstbewusst, weil er vor wenigen Minuten trotz völliger Ahnungslosigkeit etwas Richtiges gesagt hat:* I daads aa raus! Bevor no wos Schlimmers passiert! Und wia du sagst, Sepp: Unbedingt brauchtmas ja ned! Es geht ja aa ohne Spundscheim! Im Notfall hodma ja eventuell a Regulit im Haus!

Kare und Sepp lachen sich schief über Tonis unfreiwillige komödiantische Einlage. Toni lacht auch, weiß aber nicht, warum.

Kare:	*Immer noch lachend:* Ja, wias dir bloß immer eifallt, Toni!
Sepp:	Owa ehrlich! I brich no ab mit dir!
Toni:	Mei, entweder des konn oaner oder des konn oaner ned!

Alle lachen, Toni weiß immer noch nicht, warum! Das ändert sich den ganzen Abend nicht.

*F*rüher, als ich noch jung war, also ganz früher, da hat man unter jungen Knaben (so hießen damals männliche Kids) die Kräfte dadurch verglichen, indem man gerauft hat. Dies hieß allerdings seinerzeit noch nicht Körperverletzung, sondern man sagte dazu „von der Schule heimgehen"!

Es war ein täglich wiederkehrendes Ritual: Der Klassenbüffel, reich an Muskeln und arm an Hirn, hat nach Unterrichtsende wahllos einem (schwächeren) Mitschüler folgende Fangfrage gestellt: „Hä, Grischberl, magst oane?" Mit „oane" meinte er nicht etwa eine Tafel Schokolade oder eine Leberkässemmel, sondern eine Schelln, Ohrfeige auf hochdeutsch. Das Fiese an der Frage war, dass man unabhängig von der Antwort eine Schelln von ihm bekam! Denn sagte man „ja", war es ja klar, dass man eine wollte. Und sagte man „nein", deutete der stumpfsinnige Klassenbüffel dies als „ja"!

Mir wurde diese Frage oft gestellt und ich bekam demzufolge oft eine Schelln. Meine Mutter tadelte mich deswegen und ermunterte mich mit den Worten: „Etza hau halt mal zruck! Jeden Tag gibt der dir a Schelln und du lachst bloß!"

Aber ich war schon mit acht, neun Jahren ein ziemlich intellektueller Feingeist und antwortete: „Liebe Mama, die Zeit arbeitet für mich! Irgendwann werde ich berühmt sein und er ein Depp!"

Und so kam es: Ich wurde berühmt! Deppen wurden wir allerdings beide.

Aber diese gewalttätigen Zeiten sind vorbei. Da die heutige Jugend nicht bzw. kaum mehr mündlich untereinander kommuniziert, fragt der Klassenbüffel nicht mehr: „Hä, magst oane?"

Gut, er könnte diese Frage über Wozzäp (= bayerische Schreibweise) stellen, aber das würde nichts helfen. Denn derjenige Mitschüler, dem das Schelln-Angebot gilt, schaut erst nachmittags zuhause auf sein Handy, und dann ist es zu spät! Der Schellnanbieter befindet sich zuhause in weiter Ferne und kann selbst bei einem „ja" als Wozzäp-Antwort keine Schelln verteilen.

Auf diese Weise ist die Aggressivität auf dem Heimweg von der Schule drastisch gesunken. Natürlich auch deswegen, weil heutzutage jedes Kind mit dem Schulbus oder vom elterlichen PKW herumchauffiert wird, unabhängig von der Länge des Schulweges. Und unter der Aufsicht des Busfahrers oder gar der eigenen Mutter kann sich keine Rauferei entfalten, selbst wenn der gute Wille dazu auf beiden Seiten vorhanden wäre!

Doch es gibt noch eine Aggressivität im schulischen Bereich nach Unterrichtsende, eine andere! Nein, ich meine nicht die Aggressivität zwischen

Lehrer und Schülern! Diese ist ja gar nicht möglich, weil der Lehrkörper nach sechs Stunden Unterricht dermaßen ausgelaugt ist, dass er keine nasse Zeitung mehr zerreißen kann.
Was ich meine, das ist die Aggressivität

Auf dem Grundschulparkplatz

Sepp: Und, Kare? Alles klar soweit?

Kare: Frage nicht, Sepp, frage nicht! Mir langts scho wieder! Wos i am Freitag erlebt hob, des langt mir für de naxtn acht Wocha!

Sepp: Wos host denn erlebt am Freitag? Erzähl!

Kare: I hob am Freitag mein Enkel, den Dirk, vo da Grundschul abgholt! Also des oane sog i dir scho: Liawa hau i drei Ster Holz, bevor dass i no oamal aso an Schrazn von da Grundschul abhol! Vier Ster notfalls!

Sepp: Echt?

Kare: I schwörs dir! Du, do geht's zua wia am Stachus! Obwohl dass mir bloß a Kaff san! Owa am Freitag Mittag, do sans alle unterwegs, de Mütter, um ihre Sprösslinge abzuholn! Lauter Mütter mit Klein- und Kleinstwagen! Es is unglaublich, wia a so a kloans Auto aso a groß' Hindernis sei konn! I wenns scho seg mit de Twingo und de Smart und de Fiat Tschingwedingsbumms, dann hob i d'Schnauzn scho voll! Nix gegen Frauen, ehrlich, überhaupt nix! Du kennst mi – i bin grundsätzlich ein Frauenfreund, körperlich und mental!! Owa Mütter von Grundschülern in Kleinwägen, de san mir suspekt!

Sepp: Warum host denn dein Enkel überhaupt abgholt? Der hod doch höchstens zehn Minuten zum geh? Und fuaßkrank is der doch ned.

Kare: Sei Muada hod koa Zeit ghabt, weils aaf den Paketdienst gwart hod, weils a E-Mail kriagt hod, dass der am Freitag zwischen 11 und 12 Uhr ihra Kommode bringt. Und sei Voda war no in da Arbeit. Etza hods mi ogruafa, ob i den Dirk holn konn, weil i als Rentner Zeit hob, angeblich.

Sepp:	Hättst halt gsagt, dass er z'Fuaß geh soll, der Fratz, der ver-zogene! Zehn Minuten z'Fuaß, des is doch für an so an junga Spund a Klacks! Mir samma a Stund ganga, hod uns aa ned gschad!
Kare:	I hob ja gsagt zu seiner Muada, de gleichzeitig mei Tochter is: „Sabine", hob i gsagt, „Sabine, der konn doch de zehn Minuten z'Fuaß geh! De Fahrerei is ned gsund! Schauna o, allaweil wamperter wird er, da Dirk! Bald is soweit, dann wird aus dem ‚r' a ‚c' dann kannst ‚Dick' song zu eam!"
Sepp:	Genau!
Kare:	Nix genau! Sie hod gsagt, es schaut aufs Renga – und wenn da Dirk nass wird, dann besteht Erkältungsgefahr, weil er er hod an sensiblen Hals!
Sepp:	An sensiblen Hals! Im Juni! Also normal is des alles nim-mer! Mir hamma seinerzeit ned amal im Januar an sensi-blen Hals ghabt! *Kopfschüttelnd:* An sensiblen Hals! I glaub, mei Schwein pfeift!
Kare:	Mir hamm aa ned Dirk ghoaßn, sondern Sepp und Kare! De Weichlichkeit fangt ja scho beim Vornamen o!
Sepp:	Stimmt! Als Sepp oder Kare hodma koan sensiblen Hals! Als Dirk jederzeit!
Kare:	Mir samma bei Wind und Wetter z'Fuaß ganga damals, in den 70er Jahren! Hods uns gschad? Nicht hods uns gschad!
Sepp:	Halsmäßig ned, kopfmäßig mir scho! Weil damals war der saure Regen recht modern, und mi hods oft abgrengt! Des hod mir de Haarwurzeln aaf Dauer weggeätzt, drum bini etza plattert!
Kare:	Steht dir owa guat!
Sepp:	Danke dir!
Kare:	Bitte! Aaf jeden Fall bin i gfahrn, dass a Ruah is und dass dem Dirk sein Hals nix passiert, falls es renga daadert. So, dann kimm i aaf den Parkplatz von da Grundschul hi, und wos muass i durt seng? Was muss ich dort erblicken?
Sepp:	Wos nacha?
Kare:	Steht aaf mein Stammparkplatz oaner durt! Aaf dem Park-platz, wo i immer steh, wenn i den Dirk abhol!
Sepp:	Des derf doch ned wahr sei! So eine Rücksichtslosigkeit! Büffel der!

Kare:	Du sagst es – a glatter Büffel! Und da Hammer is: Mei Stammparkplatz is a absolutes Halteverbot! Feuerwehrzufahrt! Und do stellt sich der Hammel hi! Des muasst dir amal vorstelln, a direkter Krimineller! Stellt sich ins absolute Halteverbot, aaf mein Stammparkplatz!
Sepp:	Unglaublich! Hättst eam anzeigt, den Verbrecher!
Kare:	Des bringt doch nix, im Gegenteil!
Sepp:	Warum im Gegenteil?
Kare:	Weil die Polizei allaweil zum Verbrecher halt und ned zum Opfer!
Sepp:	Ehrlich?
Kare:	No freilich! I konns ja beweisen, weils mir selber passiert is! Etza pass auf, es war aso: Da Hund von meinem Nachbarn hod – entschuldige den Ausdruck – einen drumm Haufa direkt vor mei Gartentürl higschissn! Also wirklich: Ekelhaft! So, i seg des Delikt, geh ins Haus eine und denk mir: Den Hammel zeig i o! Also da Hammel is in dem Fall da Nachbar, weil der des Viech ned im Griff hod! So, i kimm zur Polizei und schrei: „Sperrts den Dreghammel ei und daschiaßts den Hund!" Da Polizist is aaf mein Vorwurf gar ned eiganga, sondern hod mi gfragt: ‚Hamm Sie Alkohol getrunken, weil Sie hamm eine Fahne?' Dann sog i: „No freilich! 5 Bluatwurz, weil mir dermaßen graust hod!" Langer Rede kurzer Sinn: Dann hamms MIR den Führerschein gnumma, obwohl DER higschissn hod! Soweit samma in Deitschland! Mi wundert nix mehr!
Sepp:	Wahnsinn! Des is nicht gerecht!
Kare:	Gell! Aaf jeden Fall – i muass den Dirk abholen und hob keinen Parkplatz! Also muass i mi in de Kleinwagenkarawane der Abholmütter einreihen. Und des is des, wos mi wahnsinnig macht: Anstatt, dass de des Tempo leicht verlangsamen, dass des Kind zügig ins Auto einespringa konn, bleim de steh! De bleim einfach steh! Wos zur Folge hod, dass i aa stehbleim muass, notgedrungen!
Sepp:	Unglaublich!
Kare:	Ja, unglaublich! Und dann, dann steigens no aus! De bleim steh, steigen aus und winken dem Kind! Und schrein! „Halloo, Jöööörn! Da bini! Jöööhörn!" Und

dann kimmt da Jörn daher und sagt: „Mamimamimami, heut hab ich in der Matheprobe eine Zwei gehabt!" Eine Zwei! Da Zworer is männlich, zefix! Sagt der Hanswurscht „eine Zwei"! Und dann sagt de Mami: „Fein Jörn, fein! Bist halt mein Bubi!" Und dann streichelts eam am Kopf und i steh do und konn mir den Schmarrn oschaun! Des is doch mir wurscht, wos der Schraz in Mathe hod!

Sepp: Als hättst nix anders zum dua!

Kare: Genau! So, dann kimmt kimmt d'Frau Huber-Vrbnic daher mit ihrer Schantall-Schakklien und sagt: „Schantall-Schakklien, sag amal da Frau Hirseburg-Kühnlapp – des is d'Muada vom Jöööörn – was du in der Matheprobe gehabt hast!" Dann sagt d'Schantall-Schakklien: „Eine Eins!" Und dann sagt d'Frau Hirseburg-Kühnlapp zu ihrem Schrazn: „Jörn, du bist ein Idiot!" So schnell is de Achtung weg, bloß weil de ander an Oanser hod!

Sepp: So schnell geht's! Owa sehr intelligent konn de Schantall-Schakklien aa ned sei, weils ned amal des Geschlecht vom Oanser woaß! „Eine Eins" – des is doch weiblich! Owa grammatikalisch hoaßts doch „Der Oanser", oder? Wia beim Zworer!

Kare: Ja eben! Im Rechnen ned schlecht, owa sprachlich hilflos! Typisch! I hob glaubt, i werd narrisch, echt! I will weida, da Dirk wart 50 Meter Luftlinie weida vorn aaf mi, owa i kimm ned hi, weil de hamm alles blockiert! Lassen einfach des Auto steh und unterhalten sich über de Noten vo de Kinder! Des kanntns dahoam am Telefon aa besprechen oder per SMS, des muass doch ned am Pausehof sei, oder?

Sepp: Owa ehrlich! Ja, und wia is dann weidaganga? Bist no hikemma zum Dirk?

Kare: Im Endeffekt scho, owa vorher wars no a Qual, des sog i dir! Vor mir war a Opel Ascona mit an Aufkleber „Gäubodenfest 1981 – ich war dabei". Der Fahrer war a älterer Mo, vermutlich Austragslandwirt. Du, der hod direkt zittert, weils ned weidaganga is, der hod scheinbar Platzangst ghabt! Der hod innerhalb von 10 Minuten drei Zigrettn graucht, weil i hobs ja gseng, wia de Stummel vom Fahrerfenster außagflogen san!

Sepp:	Der arme Mo!
Kare:	Ja, der hod mir echt leid do! Du, apropos Landwirt: Mittndrin wird's hinter mir finster, i hob gmoant, a Weda kimmt! Derweil war des der Schatten von an Bulldog! Do hod doch tatsächlich a Bauer sein Sohn mitm Bulldog von da Grundschul abgholt! Ein Riesentraktor, i sogs dir! Wahnsinn! Also wenns eh so eng is, dann hol i doch ned mit an so an drumm Bulldog mei Kind ab!
Sepp:	Leit gibt's, unglaublich! Mitm Bulldog, nicht zu fassen!
Kare:	Und jetza kimmt da Höhepunkt! Wenn i scho mein Hoferben mit dem Bulldog von da Schul hol, dann dua i wenigstens vorher dahoam des Güllefass owa! Der hod tatsächlich des Güllefass hinten dran ghabt! I wenns ned persönlich erlebt und gschmeckt hätt, i daads ned glauben! Bei allem Verständnis für de Strukturprobleme in da Landwirtschaft, owa a Güllefass is am Grundschulparkplatz fehl am Platze! De solln an fairen Milchpreis kriagn, kein Problem, do bini dafür, owa i bin gegen Güllefässer, de hinter mir an Schatten werfa!
Sepp:	Also, do fehlen mir die Worte, ohne Schmarrn! Do bleibt mir die Luft weg!
Kare:	Mir is aa wegbliem, aso hod des gstunka! Und der drohende Schatten! Du woaßt ja, wia groß de Güllefässer in der heitigen Zeit san! Des san nimmer de sympathischen Odelfassln aus unserer Kindheit, des san High-Tech-Stinkbomben, größer wia in de 70er Jahre a Mähdrescher!
Sepp:	Des stimmt! De san zum Fürchten, so gigantisch san de! Do gibt's bloß no oa Steigerung, und des san de Biogaserer! De wenn mit ihre Riesenanhänger de Biomasse holn, do wird dir Angst! I fahr gern Radl in da freien Natur, des woaßt ja.
Kare:	Jaja, des woaß i! Weils gsund is und a Naturerlebnis pur!
Sepp:	Genau! Fahr i letzdings gmiatlich aaf da Flurbereinigungsstraß zwischen Hinter- und Vorderhinkhausen.
Kare:	Do wo der D2-Funkmast steht, beim Rumplerbauern?
Sepp:	Ja genau! I fahr aso dahi, denk mir nix Schlechts – mittndrin hinter mir ein Getöse, also dermaßen laut, des konnst dir nicht vorstelln! I hob mir denkt, entweder

kimmt a Panzer oder a Airbus stürzt beim Rumplerhof ab, so laut war des. I bin vor lauter Panik in den Straßengraben einegfahrn, dass i ned überrollt werd, falls a Panzer is. So, dann sitz i im Straßengraben und schau, wos des war, wars a Biogaserer! Sitzt aso a Haumdaucher mit Baywakappl am Bulldog, hinten dran an 500-Tonnen-Anhänger, lacht und schreit zu mir in den Straßengraben eine: „Hawedere, ruahst di ebba a weng aus?" Dawischt wenn i eam hätt, owa de san heitzudogs mitm Bulldog schneller wia unseroaner mitm Radl! Letztdings hamms oan mitm Bulldog blitzt, des muasst dir amal vorstelln! Vor 30 Jahren hod a Radar aaf an Bulldog gar ned reagiert, so langsam warn de!

Kare: Wahnsinn! Des is alles nimmer normal! Ja, dassi weidaerzähl: Nach ca. 12 Minuten wars soweit, dass de Abholmütter alle ihre Schrazen eigsammelt hamm und alle Mathenoten austauscht warn, dann sans wieder ins Auto eine, inklusive Schrazen.

Sepp: Dann is endlich weidaganga!

Kare: Dann waars weidaganga! Wäre! Is owa ned weidaganga!

Sepp: Und wos für a Depp hod jetza alles aafghaltn?

Kare: I! Weil da Dirk wollt a Eis und i hob eam aus dem Grundschulkiosk oans gholt. Und i hob mei Auto aaf da Durchfahrt steh lassn miassn, weil mei Stammparkplatz, der war ja bsetzt!

Glück im Unglück

Kare: Du, da Erich, der hod jetza sei Leben komplett umgstellt! Alles Alte hinter sich gelassen!

Sepp: Umgstellt? Hinter sich gelassen? Ja wos? Hod er sich scheiden lassen oder wos?

Kare: Naa, doch ned scheiden! Familiär is alles klar. Vo da Lebensweise her hod er umgstellt, er lebt jetza voll umweltbewusst! Biologisch und nachhaltig!

Sepp: Aha! Und wia macht er des? Raucht er ebba nimmer?

Kare: Des sowieso! Owa aa auf alle anderen Gebiete: Er isst bloß no Bio-Lebensmittel, mit Prüfsiegel! Und er is a Vegetarier worden! Weil er sagt, durch de Fleischproduktion entsteht zu viel Gas. Weil de Rinder und de Sei dauernd rülpsen und furzen, in oaner Tour!

Sepp: Des hob i allerdings aa scho ghört. Des is ned unbedenklich. De Rindviecher, de rülpsen de ganzen Gletscher weg! Und de Furzerei gibt eana dann den Rest! Den Gletschern, ned den Rindviechern!

Kare: Genau! Und des will da Erich verhindern. Apropos Abgase: Er verzichtet seit drei Wochen soweit wia möglich auf sei Auto! Alle Strecken unter fünf Kilometer fahrt er mit dem Radl.

Sepp: Hut ab! Respekt! Und do schlägt er zwoa Fliegen mit oaner Klappe: Weil erstens is des für d'Umwelt guat und zweitens is Radlfahrn für eam persönlich aa no gsund! Des is a Win-Win-Situation praktisch für d'Umwelt und für'n Erich!

Kare: Grundsätzlich scho. Owa letzte Woch is er beim Radlfahrn aaf an Maiskolben ausgrutscht, dann hodsna gworfa und etza hod er a Schulterprellung beidseits!

Sepp: Oweh, des is natürlich Pech!

Kare: Am ersten Blick scho. Owa aaf da andern Seitn hod er aa wieder Dusel ghabt, weil der Mais, aaf dem er ausgrutscht is, der war bio!

Sepp: Glück im Unglück!

*M*an hört ja heutzutage oft von „Helikopter-Eltern", die ihre Kinder bzw. ihr Kind überbehüten. *Früher, bei einer Kinderzahl zwischen 4 und zweistellig war es schon aus Zeitgründen nicht möglich, den Nachwuchs helikoptermäßig zu betreuen; aber heutzutage, mit der klassischen Familie, bestehend aus Vater, Mutter, 1 Kind, 2 Hunden und 2 Autos, da geht's.*
Aber dieses Thema soll jetzt nicht der Inhalt der folgenden Geschichte sein, nur ihre Einleitung. Es geht darum: Wir Männer halten uns ja in aller Regel für die besseren Autofahrer. Und zwar mit der absolut logischen Begründung, dass wir keine Frauen sind.
Noch kompetenter fühlen wir uns, wenn das Töchterlein soeben erfolgreich die Führerscheinprüfung absolviert hat und wir als professioneller sowie lebens- und verkehrserfahrener Beifahrer und Vater sie auf ihrer ersten Großstadtfahrt begleiten. Diese Situation lässt sich mit folgenden vier Worten beschreiben:

Tochter fährt, Vater spinnt

Vater: So, Zizi, dann schaumer mal, wia du mit an echten Auto umgeh kannst!

Tochter: *Genervt:* Papaaa! Sag halt ned immer Zizi zu mir! I hoaß Patrizia! Und wos hoaßt do „echts Auto"? In da Fahrschule, des war doch aa a echts!

Vater: Ja, im weitesten Sinn scho. Owa meins hod halt 265 PS und an Turbo! Des is scho wos anders als de Kinderschaukel in da Fahrschul! Owa des is jetza wurscht. Stell dir den Rückspiegel erst amal aso ei, dass er für di passt! Weil momentan passt er für mi, weil i hob den aso eigstellt, dass er für mi passt, weil gestern bin ja i gfahrn! Weil es is ja mei Auto!

Tochter: *Stellt den Rückspiegel ein.* Ja, scho klar.

Vater: Den außen fei aa!

Tochter: Papaaa! I woaß des scho, etza lass mi einfach!

Vater: I moans dir bloß guat, Zizi, i sog ja bloß! Liawa amal in Ruhe den Spiegel eigstellt als später den Hintermann übersehen und dann gibt's Tote!

Tochter: *Scharf:* Papa!!!

Vater:	*Gütig, souverän:* Patrizia, wenn du koan Unfall baust, dann wirst du mir dankbar sei! Du, bloß a Tipp, dass du leichter aus da Parklücke aussakimmst: Stoß zuerst a kloans bisserl zruck, dann host vorn mehra Platz! I moan bloß, rein rechnerisch!
Tochter:	Des is mir scho klar. Des hobi jetza aa vorghabt.
Vater:	I sog ja: I moan bloß! Da Sinn vom Außenspiegel is, dass du eineschaust! Weil wenn oaner vo hinten kimmt, dann hod der Vorfahrt! Weil er is ja aaf da Straß und du am Randstreifen. Und bei Randstreifen gegen Straße gwinnt immer die Straße, des muasst dir merka! Owa des habts ja wahrscheinlich in da Fahrschul aa ghört! *Mit erhobenem Zeigefinger:* Fährst du auf die Straß vom Rand, brauchst du Spiegel und Verstand!
Tochter:	Den Spruch hamma zwar in da Fahrschule nie ghört, owa wennst moanst!! Momentan kimmt owa kaoner vo hinten, drum fahr i jetza eiskalt weg!
Vater:	Umso besser! Im ersten Gang, vorbildlich, des is zum wegfahrn genau der ideale! Und blinken duast aa, des is ok! Guat machst du des! *Klopft ihr anerkennend auf die Schulter, weil sie geblinkt und darüber hinaus auch noch den richtigen Gang eingelegt hat, was seiner Meinung nach für einen weiblichen Führerscheinnovizen eine herausragende und unerwartete Leistung ist.*
Tochter:	*Ironisch:* Vielen Dank! *Fährt zügig und sehr sicher.*
Vater:	Es gibt aso a Gedicht, als Eselsbrücke: „Fährst in der Ortschaft 50 du – hast vor der Polizei du deine Ruh!"
Tochter:	Und wos soll des jetza? I fahr ja ned amal ganz 50!
Vater:	I hob bloß gmoant, allgemein. Weil oft isma schneller, als man denkt!
Tochter:	So wia du, wias dir vier Wochen dein Schein zwickt hamm, weilst 144 gfahrn bist anstatt 100!
Vater:	Genau! De Krippln! Des war direkt a Art Überfall, Wegelagerei, Raubrittertum!! Mitten in da Nacht, aaf freier Streck! Anstatt dass sie Verbrecher fangen, blitzens mi, Sauerei! Drogenhandel hint und vorn, owa die Herrschaften blitzen liawa unschuldige Autofahrer! Wo samma mir bloß hikema in dem Land! *Plötzlich laut:* U-Boot von rechts!

94

Tochter:	*Erschrocken:* Wooos?
Vater:	*Lacht über seinen seiner Meinung nach tollen Gag.* War a Witz! Des is a typischer Beifahrerwitz! U-Boot von rechts – des is ja unmöglich aaf da Straß! Dua di ned owe, des war a Witz, es kimmt koa U-Boot!
Tochter:	*Kopfschüttelnd:* So ein Schmarrn! So, do vorn, do miassma jetza links abbiegen! *Blinkt vorausschauend.*
Vater:	Genau! Und gell: Wenn die Gradausspur Grün hod, hoaßt fei des ned automatisch, dass de Linksabbiegerspur aa Grün hod! Des is unterschiedlich! Ned immer, owa oft!
Tochter:	*Ironisch:* Ah geh, ehrlich?
Vater:	*Begreift die Ironie der Tochter nicht.* Ja, wirklich! Jetza hamma Glück, weil Grün is! Kann, muss nicht! In dem aktuellen Fall jetza is Grün!
Tochter:	Dann derf i jetza abbiegen?
Vater:	*Kapiert die Ironie nach wie vor nicht.* Jederzeit, kein Problem! Also für des, dass du erst a paar Dog den Führerschein host, fahrst echt ned schlecht! Und de Feinheiten, de lernst scho no!
Tochter:	Danke, des gfreit mi!
Vater:	*Laut:* Obacht! Do is a Halteverbot! A absolutes!
Tochter:	Hä? A Halteverbot? Des is doch völlig wurscht, mir fahrma doch! I will ja gar ned halten!
Vater:	*Grinsend:* Des war a Witz! A typischer Beifahrerwitz wieder! Hahaha! I hab da einige drauf!
Tochter:	*Zynisch:* Sehr lustig, ehrlich! I brich glei ab vor Lacha!
Vater:	*Souverän-grosskotzig:* Des san de typischen Gags, de lernst aa no! Wennma a paar Jahre Fahrpraxis hod, dann hodma de alle drauf, alle!
Tochter:	Aha! Dann bin i ja beruhigt! Du Papa, solltma ned langsam tanken? De Anzeige steht scho aaf Reserve!
Vater:	Sehr gut! Sehr, sehr gut, dass du des merkst! Des is nämlich für a Frau eher untypisch! Sehr gut, Patrizia! Und des passt sowieso ganz guat, weil i muass dringend bieseln! Fahr auße, wennst a Tankstell segst!
Tochter:	Okay, i schau!
Vater:	*Mit erhobenem Zeigefinger:* Owa gell, immer auf den Verkehr achten! Ned dass du vor lauter Tankstellensuche oan

	drauffahrst! Machmas aso: Du schaust aaf d'Straß und i schau aaf Tankstellen!
Tochter:	Ok, aso machmas! Arbeitsteilung!
Vater:	Genau! *Fast zärtlich:* Scho schee, aso a Autofahrt mit mein Töchterlein! Mei, wia schnell bist du groß worn! Is no gar ned lang her, do host no Windpocken ghabt und jetza host den Führerschein! Jaja, die Zeit vergeht!
Tochter:	Des stimmt!
Vater:	*Melancholisch:* Gestern noch an Stinker in der Windel drin – heut scho eine Autofahrerin!
Tochter:	Also Papaaa!
Vater:	Weils wahr is! Mei, da sollma ned alt werden!
Tochter:	Du immer!
Vater:	*Deutet aufgeregt nach rechts.* Do is oane!
Tochter:	Wo? I seg koane. Wo soll denn do a Tankstell sei?
Vater:	*Grinsend:* I hob ja koa Tankstell gmoant, sondern a Kircha! Des war a Witz!
Tochter:	A typischer Beifahrerwitz, gell?
Vater:	Genau! Weil allel guten Witze sind dlei, sagt da Chinese! *Lacht amüsiert.* I find, des lockert aso a Fahrt auf, wennma amal an Gag macht zwischendurch!
Tochter:	Naja, wennst moanst. Du, da vorn is a Tankstell aaf da rechten Seitn! Do fahr i dann auße, oder?
Vater:	Ja genau! Owa aufpassen! Genau aufpassen, ob ned vo hinten a Radlfahrer kimmt! Weil de san unberechenbar! De fahrn, als waarns alloans aaf da Welt! Do muasst du aufpassen wie ein Haftlmacher! De brettern dir vo hinten drauf und dann is die Katastrophe perfekt: Dann host an Kratzer im Lack!

Die Tochter blinkt vorschriftsmäßig, kontrolliert im Rückspiegel, ob sich Radfahrer nähern und fährt professionell auf das Tankstellengelände.

Vater:	Du, Patrizia, konnst du scho alloa tanka? Weil i miassert echt dringend bieseln!
Tochter:	No freilich Papa, mir hamm doch in da Fahrschul aa tankt! Geh du ruhig aafs Klo!

Vater: Du bist ein Schatz! *Steigt aus und geht im Laufschritt in Richtung Toilette.*

Die Tochter tankt, bezahlt die Rechnung und parkt das Auto vorschriftsmäßig neben der Tankstelle. Der Vater erscheint, deutlich erleichtert und (noch) bester Laune.

Vater: Sodala, aaahhh, hod des guad getan! Und, alles klar? Host ebba scho alles erledigt?

Tochter: Jaja, alles erledigt, zahlt hob i aa scho.

Vater: Gell, des Geld, des kriagst fei wieder vo mir! Weil es is ja mei Auto!

Tochter: Ja, des Geld möcht i scho wieder! Weil des Super bleifrei, des is scho gscheit deier! I hob volltankt und fast 90 Euro zahlt, Wahnsinn!

Vater: *Wie vom Blitz getroffen:* Wooos??? Super bleifrei host du tankt? Bist du wahnsinnig? Des is doch a Diesel!

Tochter: Ehrlich? A Diesel is des? Dann hätt i Diesel tanken solln?

Vater: *Mit rotem Kopf, völlig außer sich und weinerlich:* Ja natürlich hättst du Diesel tanken solln! Ogottogottogott! Waar i bloß ned zum bieseln ganga! Oder hätt i zerst tankt und dann erst bieselt! Omeiomei, mei scheener Turbodiesel! Wia kimmst du bloß aaf Super bleifrei?

Tochter: *Mit Unschuldsmiene:* Jamei, in da Fahrschul hamma aa immer Super bleifrei tankt!

Vater: In da Fahrschul, in da Fahrschul! Weil des Dreckskisten san und koane vernünftigen Autos! I drah durch, i drah echt durch!

Tochter: Etza beruhig di wieder! Du derfst ned alles so ernst nehma! A Fahrer mit langjähriger Erfahrung muass doch viel souveräner sei, Papa!

Vater: Souveräner? Wenn a 265-PS-Turbomotor mit Super bleifrei verseucht wird, dann is mit da Souveränität vorbei! Hättst mi halt vorher gfragt, zefix!

Tochter: Des hätt aa nix geändert!

Vater: Wos hoaßt aa nix geändert? Natürlich hätt des wos geändert! I hätt dir doch gsagt, dass du Diesel tanken sollst!

Tochter: Ja und? I hob doch Diesel tankt!

Vater:	Wos? W... w... wia jetza? Du host doch gsagt, dass du Super bleifrei tankt host ...
Tochter:	Papa, des war doch a typischer Fahranfängerwitz!

Die Fahrt wird fortgesetzt, der Vater enthält sich bis zur Heimkehr jeglichen Kommentars.

*M*an trifft sie überall, auch und gerade am Stammtisch: Die Menschen mit einem rätselhaften

Umweltbewusstsein

Kare:	De ganze Welt arbeitens no auf mit de Abgase!
Sepp:	Do host du recht, Kare, do host du vollkommen recht! Des is de Unvernuft! De is des! Weils koa Hirn ned hamm! Diese sinnlose Fahrerei mit dem Auto! Geht doch koaner mehr z'Fuaß heitzudogs! Wos do Dreg hinten rausblasn wird, Wahnsinn! Alloa des Diesel, totaler Wahnsinn!
Rudi:	Des hoaßt DER Diesel!
Sepp:	Des mog scho sei, owa des hilft da Umwelt aa nix! Es geht darum, dass so viel ohne Hirn mit dem Auto fahrn, obwohls des ned braucha daadert! Um des geht's, und ned darum, ob des Diesel männlich is oder sächlich!
Rudi:	*Mit lehrerhaft erhobenem Zeigefinger:* DER Diesel!
Sepp:	*Genervt:* Ja, is scho recht, dann halt DER Diesel. Aaf jeden Fall wird viel zu viel sinnlos gfahrn, des is des Dilemma! Da Herrgott hod uns unten zwoa Fiaß dranghängt zum geh und ned zum kuppeln und zum Gas geben!
Kare:	Ja, scho klar. Aaf da andern Seitn miassma natürlich zuageben, dass mir aa Auto fahrn. Also des miassma scho zuageben, do beißt die Maus koan Faden ab! Mir fahrn aa Auto.

Sepp:	Scho, owa des is wos anders! Schau her, i hob 800 Meter zum nächsten Supermarkt. Soll i de vielleicht z'Fuaß geh? De konn i doch ned z'Fuaß geh! 800 Meter!
Rudi:	Und warum ned?
Sepp:	*Äfft ihn nach:* Und warum ned? Aso a bläde Frage konn aa bloß dir eifalln! Higeh kannt i eventuell scho z'Fuaß, wenns ned grad rengt, owa hoam! Des is des Problem: Hoam! I hob oft mei Einkaufstasche dermaßen voll, dass aus is! Jetza stell dir amal vor: 2 Kilo Erdäpfel, a Obst, a Wurscht, Eier, dann no ihren blädn Weichspüler, der alloa scho a Kilo hod, weils a Liter is – des konn doch kein Mensch ned 800 Meter hoamtragen!
Kare:	Des stimmt! Grad du, wo du aso a sensible Schulter host! Du host doch aso a sensible Schulter, oder?
Sepp:	Ja eben! I hob mir damals a Schulterverletzung zuazogen, wias mi mit 8 Jahrn mitm Radl gworfa hod! So viel zum Thema „Radlfohrn is gsund"! I gspür zwar nix mehr, owa wenn i schwaar heb, dann konn de alte Verletzung durchaus wieder aufbrecha! Sicher bist du nie!
Rudi:	Nach 46 Jahren?
Sepp:	Sicher bist du nie! Also i riskier des ned, i ned!
Kare:	Do muass i dem Sepp recht geben: Sicher bist du nie!
Rudi:	Naja, nach 46 Jahren waar i mir do scho sicher! Owa wennst moanst! Apropos Radl: Und wennst mitm Radl zum Supermarkt fahrn daaderst? Dann konnst ja den Korb mit deine Einkäufe aaf den Gepäckträger raufdua. Oder? Fahr doch mitm Radl!
Sepp:	*Hämisch grinsend:* Ja genau! Und dann? Dann verlier i des Gleichgwicht, weil de Erdäpfel und der Weichspüler verrutschen, dann wirfts mi und dann is de Schulter ganz im Arsch! Dann bini a Invalid aa no!
Kare:	*Laut lachend:* D'Schulter is im Arsch! Wia sich des ohört, rein anatomisch waar des a Wahnsinn! I brich ab! D'Schulter im Arsch!
Sepp:	*Ernst:* Des is ned zum lacha, Kare!
Kare:	*Peinlich berührt:* Natürlich ned, des is ned zum lacha! *Zu Rudi:* Naa, do muass i dem Sepp recht geben! Wenns dumm geht, dann passiert no a Unfall aa! Des is des Tröp-

	ferl Benzin, des er mitm Auto verfahrt, nie und nimmer wert! Nie und nimmer!
Sepp:	Ja eben! Dann bin i verletzt, dann kimmt da Sanka und der verfahrt no mehr Benzin wia mei Auto! Also Rudi, nix für unguat, owa des war etza a Schmarrn mit dem Radl! Wenn i mitm Radl an Weichspüler hol, des bringt gar nix in Bezug aaf de Kohlenmonixodbelastung! Null!
Rudi:	*Oberlehrerhaft:* Kohlenmonoxyd!
Sepp:	Ha, dassd jetza du alles besser woaßt! Du bist a richtiger Dipferlscheisser!
Rudi:	*Leicht eingeschnappt:* Weil Kohlenmonixod a Schmarrn is! Des gibt's doch gar ned! Do könntest genau so guat sagen, du host an 6 Zylinder Dusel anstatt Diesel!
Sepp:	*Gereizt:* Moanst du vielleicht, dass i z'bläd bin, dass i an Diesel von an Dusel auseinanderkenn? Also für bläd brauchst mi ned halten!
Kare:	*Will die Wogen glätten:* Rudi, do hod da Sepp echt recht! Des bringt gar nix, wenn der Radl fahrt. Des is ned amal a Tropfen auf den heißen Stein! Schau her, in Amerika fahrns so Trucks, de fressen 25 Liter aaf 100 Kilometer, do is doch da Sepp mit sein Radl koa Ausgleich!
Rudi:	*Hartnäckig:* Des sagt jeder! Owa wenn JEDER weniger Auto und mehr Radl fahrn daad, dann daads wos bringa, von da Ökobilanz her!
Sepp:	*Immer noch gereizt:* Ökobilanz! Eam schau o! Ökobilanz daad er song! Klugscheisser!
Kare:	Etza duats ned streiten! Und außerdem hob i glesn, dass des ned nur mir Menschen san, de wos de Luft verpesten! De Kiah zum Beispiel, des san umweltmäßig glatte Säue!
Sepp:	*Lacht.* A Kuah is a Sau! Des is aa ned schlecht! Des sagst amal an Bauern: „Dei Kuah is a Sau!" Der moant, du host nimmer alle!
Kare:	Naa, ohne Schmarrn, i hob des echt glesn! De Kiah, de rülpsen dauernd und furzen, also ständig, Dog und Nacht! Weil de hamm mehrere Mägen, des is de Ursache! I hob bloß oan und muass aa oft rülpsen oder Schlimmeres! Und bei de Kiah, do kimmt dann a Methan außa und des is voll schädlich! Also für d'Kuah ned, dera duats eher

	wohl, owa für d'Umwelt, do is des schädlich! Des hob i glesn!
Rudi:	Des mog scho sei, owa do samma ja im Endeffekt aa wieder mir Menschen schuld!
Sepp:	Mir? Ja wieso mir? Aso a Schmarrn!
Rudi:	No freilich! Weilma mir zu viel Rindfleisch essen, des is des!
Kare:	Hä? Ja moanst du, dass a Kuah weniger furzt, wenn i weniger Rindfleisch iß? Des is doch da Kuah wurscht!
Rudi:	Ja freilich is des da Kuah wurscht, des is scho klar. Owa wenn alle weniger Rindfleisch essen, dann brauchtma ned so viel Kiah und dann wird des Methan weniger! Weil a Kuah, de wo's ned gibt, de furzt ned!
Sepp:	Also Rudi, nix für unguat, owa des is jetza fei scho a ziemlich schwaches Argument! Mei Zwiebelrostbraten soll schuld sei an dem Methan? Also des is scho weit hergholt, sei mir ned bös!
Kare:	Außerdem san de Hauptübeltäter de Schiffe, des hob i glesn! Gega a Schiff is a Kuah gar nix! Aso a Kreuzfahrtsschiff, des haut in drei Wochen mehr Diesel auße wia ganz Bayern oder so ähnlich! Genau woaßes nimmer, owa af jeden Fall is des a Wahnsinn mit de Schiffe! De Schiffe san die wahren Schweine! A Kuah is weniger a Sau als wia a Schiff!
Sepp:	Des stimmt! Mir hamm letzts Jahr a Kreuzfahrt gmacht mitm Schützenverein, Santo Domingo und Umgebung, war super! Und i hob an Bord, am Zwischendeck wars, do hob i oan gfragt, der war aso a Art Kapitän oder sowos, Knutsen hoda ghoaßn, Knut Knutsen, vo Oslo hod a abgstammt oder Stockholm, konn aa Helsinki gwen sei, aaf jeden Fall Richtung Nordpol. Is jetza wurscht, auf jeden Fall hob i den gfragt: „Knut Knutsen", hob i gsagt, „wos frisst jetza der Kübel aaf hundert Kilometer? Des daad mi intressiern!"
Rudi:	Und? Wos hoda gsagt?
Sepp:	„Ich nicht verstehen", hoda gsagt, und „sorry". Der hod ned deitsch kinnt! Dann hob i eam aaf Englisch gfragt: „Knutsen, tell me, wott eats the ship in 100 Kilometer? Diesel mean I!"

Kare:	Und, wia viel frisst er, der Kübel?
Sepp:	Des woaß i nimmer, weil i hob damals scho zwoa Cuba libre ghabt und an Sex on the beach, weil do war all inclusive. Owa oans woaß i no: I bin direkt daschrocka, so viel wars! Tausende Liter! Zigtausende! Do spielt da Zwiebelrostbraten keine Rolle mehr! Sogar, wenn du alle Dog oan essen daaderst, des waar völlig unerheblich! Was san a paar Kuahkopperer gegen zigtausende Liter Diesel, nix!
Kare:	Null!
Rudi:	Ihr machts eichs leicht! Hättst halt koa Kreuzfahrt gmacht, als umweltbewusster Mensch!
Sepp:	Ja, und dann? Aaf dem Schiff, „Caribian Princess" hods ghoaßn, also aaf dem Schiff, do warn 2798 Passagiere. Moanst du, wenn 2797 drauf gwesen waarn, dann hätt des Schiff weniger Diesel verbraucht? Um koa Tröpferl weniger, um koa Tröpferl!
Kare:	Rudi, do hod jetza da Sepp wieder echt! Des Schiff waar ohne eam aa gfahrn, do trau i mir wetten!
Rudi:	Owa wenn jeder so denkt, dann ändert sich gar nix! Jeder muass sei Verhalten ändern, dann ändert sich wos!
Sepp:	Mach des amal 2798 Menschen klar! Obwohl, du brauchstas bloß no 2797 Menschen klar macha, weil mir hostas ja jetza scho gsagt.
Kare:	Is ja mit de Flugzeuge des Gleiche, haargenau des Gleiche! Wos de raushaun, des is nimmer feierlich! Brauchst ja bloß den Kondensstreifen oschaun: Der is zwar weiß, owa eigentlich is des da blanke Dreg! Wiama letzts Jahr nach Hurgada gflogen san, hob i mir am Flughafen denkt: „Ja fix, schau dir den Haffa Flieger o!" De hamm wos rausghaut, jede Menge!
Rudi:	*Gibt nicht auf.* Do samma im Endeffekt aa mir selber schuld, weil mir so viel fliagn!
Kare:	Ja, du bist guad! Soll i vielleicht mitm Radl aaf Hurgada fahrn? Do lasst mi ja da Ägypter an da Grenz gar ned eine, weil er moant, i hob an Vogel, an Vollvogel!
Rudi:	Du hättst gar ned nach Hurgada gmiasst! Hättst halt dahoam Urlaub gmacht!

Kare:	Ja freilich – dahoam! Und dann? Dann waar i den ganzen Dog im Haus ghockt! Is des vielleicht a Urlaub?
Rudi:	Wieso im Haus ghockt? Hättst di halt in dein Garten außeghockt!
Kare.	D'Frau lasst mi ja ned!
Sepp:	*Schockiert:* Ehrlich? Spinnt de oder wos? Warum lasst di di ned?
Kare:	Weil sich unsere Nachbarin immer nackert im Garten sonnt und mei Frau sagt, des is peinlich, wenn i do immer umegaff.
Rudi:	Ja, dann gaff halt ned ume!
Kare:	Du, de is 28 Jahre alt! Und ned unknusprig! Do hast du deine Augen beim besten Willen ned unter Kontrolle – de gaffen selbständig, des is a Reflex!
Rudi:	Ja ok, dann versteh i di! Owa trotzdem: Man muass einfach mehr für d'Umwelt dua, viel mehr! De Situation, de is dramatisch! Klimaerwärmung, Ozonloch, Plastik im Meer, Computerschrott, des is alles a Wahnsinn! Mir wird himmelangst, des sog i eich!
Kare:	Mir scho aa, owa mir drei persönlich kinnma ja nix dafür, also so guat wia nix! Mir san do ned schuld!
Rudi:	*Verzweifelt:* Ja Mensch Meier, wer is denn dann schuld? Irgendwer muass doch schuld sei, dass so is, wias is!
Sepp:	*Mit erleuchtetem Blick:* Schuld san de Politiker!
Kare und Rudi gemeinsam:	
	Sepp, do host du Recht – de san schuld, de san nämlich immer schuld!

Alle drei freuen sich, dass sie nach intensiver Diskussion auf hohem Niveau die wahren Schuldigen gefunden haben und prosten sich zu. Nach mehreren Getränken wird vereinbart, dass man nächstes Jahr gemeinsam mit den Gattinnen eine Kreuzfahrt macht, um die katastrophalen Umweltschäden in der dritten Welt zu begutachten, die durch das Fehlverhalten der dortigen Einwohner verursacht wurden.

Radikalkur

Sepp:	Mir langts jetza! I nimm jetza radikal ab! I fühl mi nimmer wohl mit meiner drum Wampn!
Kare:	Also ehrlich gsagt, i versteh di. Du bist relativ fett! Also nix für unguat, i moan bloß.
Sepp:	Host ja recht! Und jetza is soweit, dass mir mei Lieblingshosn nimmer passt. Und do hört sich bei mir da Spaß aaf!
Kare:	Wos is denn dei Lieblingshosn? De blaue oder de graue?
Sepp:	De blaue! De graue mog i ned so gern, weil de schmutzt recht. Aaf jeden Fall moch i jetza a Radikalkur. Vier Wochen kein Cola, sondern bloß mehr Weißbier! Weil des Cola hod dermaßen viel Zucker, des is da Wahnsinn! I bin doch koa Pferd und friss pro Dog 29 Zuckerstückerln!
Kare:	Do host du recht, des bringt einiges, wennst de ned frisst bzw. saufst!
Sepp:	Und beim Essen, do bin i no radikaler: Vier Wochen nur Salat, sunst nix!
Kare:	Haltst du des aus?
Sepp:	*Energisch:* Nur Salat, sunst nix!
Kare:	Also, beim Weißbier, do lass i mir des no eigeh, weil des wird nie langweilig. Owa nur Salat? Wird des ned total fad, vier Wochen lang?
Sepp:	Naa, fad wird's ned. Weil i bin natürlich ned bläd. I iß ned allaweil den gleichen Salat, sondern i hob mir vier Varianten zur Auswahl zammgstellt. Und je nach Gusto wechsel i den Salat.
Kare:	Des ist guat, a Superidee! Und wos für vier host du dir ausgsuacht?
Sepp:	Fleischsalat, Wurstsalat bayerische Art, Wurstsalat Schweizer Art und Heringssalat mit Sahne!
Kare:	Stark! Dann wird's natürlich ned fad! A Hund bist scho!
Sepp:	Gell, du kennst des! Mei Frau ned! Wia i dera meine Salatvariationen gsagt hob, hods ned gsagt, dass i a Hund bin, sondern a Depp!

*E*s gibt Menschen ohne Selbstbewusstsein, manche haben ein durch-schnittliches und manche haben ein sehr großes. Dies äußert sich bei verschiedensten Gelegenheiten. Eine davon ist die Anwendung von Fremd-sprachen. Da gibt es den, der eine solche zwar einigermaßen beherrscht, sich aber nicht traut, sie anzuwenden, da er Angst hat, sich lächerlich zu ma-chen. Auf der anderen Seite gibt es aber auch Menschen, die ohne Rücksicht auf Verluste hemmungslos in einer Sprache sprechen, die sie nur vom Hö-rensagen oder aus der Popmusik kennen, denn sie sind der festen Überzeu-gung, eines zu sein, ein souveränes

Sprachgenie

Sepp, Kare und Kurt sitzen zu einem kurzen Frühschoppen in ihrer Stamm-kneipe und besprechen die wichtigen Dinge des Lebens wie Wetter, Fußball und vertane Chancen bei diversen Frauen. Da betritt ein Fremder den Raum, ein völlig Fremder, man hat ihn hier noch nie gesehen. Argwöhnisch beäugt von den drei Stammgästen setzt er sich, den dreien freundlich zunickend, an den Nachbartisch.

Sepp:	*Zu seinen beiden Freunden:* Wos wird jetza des für oaner sei?
Kare:	A Hiesiger is des ned!
Kurt:	Der is vo weida her! Entweder er war lang im Solarium, zu lang, oder er is vo ganz weit her!
Sepp:	Owa ned direkt vo Afrika, do is er zu hell!
Kurt:	Owa für Bayern is er zu dunkel!
Sepp:	Hm, wo könnt jetza der her sei?
Kare:	D'Welt is groß, der konn vo überall her sei!
Sepp:	Vo überall ned, weil vo do is er ned!
Kurt:	Interessant waars scho, vo wo der is.
Kare:	Des stimmt, interessant waars scho!
Sepp:	I daad song, mir fragen den einfach!
Kare:	Fragen kost nix!
Kurt:	I frag! *Zum fremden Gast:* Wo san nacha Sie her, wenn i fra-gen derf?
Gast:	Beg your pardon?

Sepp:	*Zu Kurt:* Wo is er her? Des hob i jetza ned verstanden! Vo Baden-Baden?
Kurt:	I hobs aa ned verstanden. Der hod an komischen Dialekt!
Kare:	Ihr seids vielleicht Deppen! Des is koa Dialekt, des is Englisch!
Sepp:	Woher woaßt denn du des? Konnst du Englisch?
Kare:	Direkt glernt hobes ned, owa man schnappt ja einiges auf! Und i hör gern Popmusik, de is meistens in Englisch! Zum Beispiel „We are the champions" hoaßt „Mir san de Champions"! Sowos woaßma doch!
Sepp:	*Zu Kurt:* Eam schau o! *Zu Kare:* Dann fragna halt du, wennst so schlau bist!
Kare:	Des dua i aa, do bin i eiskalt! *Zum fremden Gast:* Äh, a question: Wou are you her, if Ei frong derf?
Gast:	Sorry?
Sepp:	Vo Sorry is er! Kenn i ned, wou is des?
Kare:	Bist du ein Depp! Der is ned vo Sorry, der hod sorry gsagt, weil er mi ned verstanden hod! *Wiederholt kopfschüttelnd Sepps dumme Bemerkung:* Vo Sorry is er – so ein Schmarrn!
Kurt:	Der hod di ned verstanden, weilst du ned Englisch konnst, du Angeber! I hobs mir ja glei denkt! We are the champions, des langt ned für a Kondensation.
Sepp:	Konversation hoaßt des!
Kare:	Genau! Und dass des klar is: I konn Englisch! I hob bloß vielleicht a weng zu schnell gred! Dann red i halt langsamer! *Spricht langsam und deutlich zum fremden Gast, indem er auf sich und dann auf den Gast deutet:* I am from Obergrunzing! And du? London? Manchester United?
Gast:	*Hat die Frage verstanden!* I am from Kairo!
Sepp:	Ja mi leckst, vo Kairo is der! A Ägypter bei uns! Wahnsinn!
Kurt:	*Grübelnd:* Dass der Englisch red? Warum red der ned ägyptisch? Des is fei komisch, dass der Englisch red!
Kare:	Des is doch klar! Ägyptisch versteht doch kein Schwein!
Kurt:	Des is aa wieder wahr!
Sepp:	*Begeistert:* Apropos Ägypten – do woaß i an Super-Gag! A Wortspiel!
Kare:	Mit Ägypten?

106

Sepp:	Ja! Jetza passts aaf: „Mei Voda hod an Bulldog kauft, Ägyptn nimmer her!" Verstehts? „Er gibtn nimmer her" soll des hoaßn! Owa des hörtse an wia Ägypten! Verstehts ihr des?
Kurt:	Ja, i versteh des scho! Außerdem is der Witz uralt!
Kare:	*Lacht:* Der is so alt, den hamms wahrscheinlich scho in de Pyramiden eigritzt! *Kopfschüttelnd:* Ägyptn nimmer her, so ein Kaas!
Gast:	*Überrascht über die plötzliche gute Laune der drei Freunde:* What is so funny?
Sepp:	*Zu Kare:* Kennt der mei Wei?
Kare:	Wos? Wieso? Der kennt doch dei Wei ned!
Sepp:	Weil er Fanny gsagt hod!
Kare:	Funny hod er gsagt! Des is Englisch und hoaßt lustig! Er fragt, warum mir so lacha! *Erneut kopfschüttelnd:* Kennt der mei Wei! Manchmal glaub i, i bin unter lauter Irre, ehrlich! *Zum Fremden, indem er auf Sepp deutet:* His woman is Fanny!
Gast:	His woman?
Sepp:	Yes, Fanny!
Gast:	Cool!
Sepp:	Noja, direkt cool is ned, eher grantig! Listen, ei woaß a Witz over Ägypten!
Gast:	Beg your pardon?
Sepp:	*Zu Kare:* Wos sagta?
Kare:	Der versteht di ned! Des is ja aa koa Englisch, wos du do daherplapperst! „Ei woaß an Witz over Ägypten", so ein Krampf, des versteht koa Mensch! Joke hoaßt des, ned Witz!
Sepp:	Dann sogs eam du, du Schlaumeier! Sog eams du, dass i an Witz woaß vo Ägypten! Sogs eam, dann sog i den Witz!
Kurt:	Genau Kare, sogs eam!
Kare:	Des is doch a Schmarrn, der kapiert doch den Witz ned! Der funktioniert doch bloß in Bayern!
Sepp:	Mir san ja in Bayern!
Kare:	I moan ned vo da Gegend her, sondern von da Sprache!
Gast:	*Amüsiert über die angeregte Unterhaltung der drei Stammtischfreunde:* What are you talking about?

Kurt:	Wos sagta?
Kare:	Er will wissen, über wos mir reden.
Sepp:	Also nacha! Dann sog eam des, dass i an Witz woaß vo Ägyptn!
Kare:	*Genervt:* Wennst moanst – obwohls a Krampf is! *Zum Gast, auf Sepp deutend:* This is mei friend Sepp Stumpfer!
Gast:	*Zu Sepp:* Oh! Hello!
Sepp:	Hello! *Drängend zu Kare:* Etza sogs eam!
Kare:	*Zum Gast:* Sepp knows a joke!
Gast:	A joke? A funny joke?
Sepp:	Naa, ned vo da Fanny, vo Ägyptn! It goes aso: Mei Daddy has a Bulldog kafft, Ägyptn nimmer her! *Lacht und haut sich auf die Schenkel, der Gast blickt ratlos.*
Gast:	Sorry, I don't understand!
Kare:	Do segstas, er versteht den Witz ned! I hobs ja glei gsagt! Lass doch den Mo in Ruah jetza, der moant ja, mir hamm an Vogel!
Kurt:	Owa der Witz is echt ned schlecht! Übersetz eam halt den Witz, dassan kapiert!
Kare:	Des is doch unmöglich! Der konn doch den Gag mit Ägyptn ned kapiern, weil „er gibt'n" is doch Bayrisch! Kapierts denn ihr des ned?
Sepp:	Übersetz eam den Witz, dann wermas scho seng!
Kare:	In Gottes Namen, dann übersetz i halt den Witz. *Zum Gast:* It is sou: His father has a Bulldog …
Gast:	What dog?
Sepp:	Hot dog?
Kare:	„What dog" hoda gsagt, der moant, dei Voda hod an Hund kafft! Des hod doch alles koan Sinn! Mir kinnma eam den Gag ned verständlich macha! Des is zu kompliziert mit dem Ägyptn.
Sepp:	Dann übersetz gscheit, dann hods an Sinn! Des Problem is ned mei Witz, des Problem is, dass du ned Englisch konnst, du Angeber! Des is des Problem!
Kurt:	Kare, do muass i dem Sepp recht gem, i glaub, du konnst ned gscheit Englisch!
Kare:	*Im Stolz verletzt:* I konn scho Englisch! Also guat, dann probiermas noml! *Zum Gast:* His father has a Traktor.

Gast:	A tractor? A farm tractor?
Kare:	Yes, genau! A farm tractor! *Triumphierend zu Sepp:* Segstas, wennma gscheit Englisch konn, dann wirdma verstanden! Aa von an Ägypter! I hobs ja glei gsagt!
Sepp:	Hut ab! Dann mach weida, weil de Pointe kimmt ja erst! Weil dass mei Voda an Bulldog hod, des is an sich no ned lustig. Mach weida!
Kare:	*Zum Gast:* Wie gsagt: His father has a farm tractor!
Gast:	*In froher Erwartung des Gags grinsend:* Yes, his father has a farm tractor! And then?
Kare:	Genau! And he wants not give it away, the farm tractor!
Sepp:	*Beeindruckt zu Kurt:* Schau dir den Hundling o, wia der Englisch red! Des hätt i dem nie zuatraut, ehrlich gsagt!
Kurt:	I aa ned! A Hund isa scho, da Kare!
Gast:	*Zu Kurt:* What did you say?
Kurt:	*Auf Kare deutend:* He is a dog!
Gast:	A Dog?
Kurt:	Yes! In Bayern we say Dog zu an good Mann!
Gast:	Oh!
Kurt:	Yes! If oana can trink a Mass ex, we say zu him: „Mei liawa, ju are a Dog!"
Gast:	I'm sorry, I don't understand! What do you say? Holprig: Mai liawa ...?
Kurt:	My lover!
Gast:	*Erschrocken:* Your lover??
Kurt:	Yes, genau! Schau her, scho hodas kapiert!
Sepp:	*Skeptisch:* Des glaub i weniger! My lover hörtse komisch o, sehr komisch!
Kare:	Etza seids amal staad, weil des a Wahnsinn is, wos ihr für einen Kaas daherreds! Schaama muassmase mit eich zwoa Hanswurschten! *Kopfschüttelnd:* „My lover", i glaub, mei Schwein pfeift! Wia konnma denn so einen Schmarrn verzapfa! Der glaubt jetza, du host an Liebhaber, Kurt! *Zum Gast, auf Kurt deutend:* He has not a lover, he has a wife!
Gast:	He has no lover?
Kare:	No, um Himmels Willen!
Gast:	What?
Kare:	Over heavens Willy!

Kurt:	Over heavens Willy, des hörtse owa aa ned so richtig englisch o!
Kare:	Etza seids amal staad, weil i muass eam den Witz no erklärn, de Pointe!
Sepp:	Ah ja, genau! Also, erklärs eam!
Kare:	Ok, owa unterbrechts mi ned wieder! I muass mi konzentriern, dass der Mo des aa versteht! Also ... *zum Gast:* I hob told you, that his father has a farm tractor.
Gast:	Yes! And he wants not to give it away!
Kare:	Haargenau! Er gibtna nimmer her! Never more! Und des is da Gag! Weil er gibtna nimmer, des klingt aaf Bayrisch wia Ägypten! Do you understand? He never more gives it away sounds in Bavaria like Ägypten! Ä-Gypt-N! This is the joke!
Gast:	Oh, this is the joke! *Lacht aus Höflichkeit, obwohl er nicht einmal ansatzweise verstanden hat, um was es geht.*
Sepp:	*Hocherfreut:* Etza hodas gschnallt! Schauts hi, wia er lacht, den zreißts glei vor lauter Lacha! I hobs ja gsagt, dass des ein Spitzengag is! Den konn er jetza dann dahoam z'Kairo erzähln! Do wirkt er glei no besser, der Witz, weil des is ja direkt in Ägypten!
Kare:	Des wundert mi direkt, dass der den Witz kapiert hod, des wundert mi direkt! Owa er lacht wia d'Sau, scheinbar hodan wirklich kapiert! *Zum Gast:* Have you really understand the joke with Ägypten?
Gast:	*Lügt und lacht aus Höflichkeit:* Yes, yes, a wonderful joke! Farm tractor! Very good! *Hebt anerkennend den rechten Daumen.* Very good! Ägypten! Wonderful!
Sepp:	Stark! Owa Männer, es hilft alles nix, i muass furt! Weil i möcht heit no in d'Schwammer geh! Es hod grengt gestern und es es is dampfig, do kanntns wachsen!
Kurt:	Do host du recht, heit kannt wos geh! I muass aa weg, i hob an Zahnarzttermin!
Kare:	Nacha packs i aa! War a gmiatlicher Frühschoppen! Und interessant, weilma den englischen Ägypter kennaglernt hamm! *Zum Gast:* We go away now! Good bye! And come good home to Kairo!
Gast:	Oh, you go away? Why?

Sepp: Naa, ned zum Wei, in d'Schwammer!
Gast: What did you say?
Kare: *Deutet erklärend auf Sepp:* He goes into the mushrooms!
Gast: Into the mushrooms? Funny!
Sepp: Naa, alloa! D'Fanny geht ned mit!

Die drei verlassen die Kneipe, stolz auf den internationalen Kontakt, den sie gepflegt haben. Der Gast aus Kairo bleibt zurück und ist überzeugt davon, dass die Bayern ein humorvolles Volk sind, da sie sogar herzhaft über die banale Tatsache lachen, dass ein Landwirt einen Traktor besitzt, den er nicht verkauft.

Bei runden Geburtstagen werden die entsprechenden Feierlichkeiten oft durch mehr oder weniger lustige Einlagen aufgelockert. Das beginnt bei geschmacklosen Reimen wie „Sepp, du brauchst noch lang nicht sterben, weil bei dir gibt's nichts zu erben" oder auch „Deine Lebensjahre werden mehrer – und du selber immer schwerer", geht weiter mit Rückblicken auf peinliche Momente im Leben des Jubilars („woaßtas no, wia dei Frau aaf Kur war wega de Bandscheim und du host an so an Rausch ghabt, dass du am Vatertag in Tschechien de Bedienung heiraten wolltst?") und endet bei Darbietungen eingekaufter Künstler, die allerlei Lustiges aufführen. Ganz krass war es beim 80. Geburtstag von Tante Kreszenz, ihres Zeichens ledig und nach Meinung der Verwandtschaft Jungfrau aus Überzeugung und aus Mangel an Gelegenheit. Die Feier nahm den üblichen Verlauf – bis um 22 Uhr! Dann kam er, gutgebaut und von den infantilen und unsensiblen Neffen Sepp und Karl engagiert:

Der Stripper

Die Stimmung ist gut, an den Tischen führt man angeregte Gespräche, Enkel Thorben hat bereits ein schönes Gedicht über die Vorzüge des Alters aufgesagt (Schlussreim: Leb noch lange, Tante Zenz – doch eher kurz ist die Tendenz!") und man wartet nun auf weitere Einlagen. Einige der Verwandten gähnen schon, da sie das Essen und Trinken ermüdet hat. Nicht aber die Tante, die altersbedingt ohnehin schlecht schlafen kann. Plötzlich herrscht Dunkelheit im Saal und die Gespräche verstummen.

Tante:	Ja, wos isen etza los? Warum is denn's Liacht ausganga? *Lachend zum Wirt:* Ade, host dein Strom ned zahlt?
Neffe Sepp:	Etza wirst spitzen, Tante Zenz! Etza kimmt wos, sowos host du no nie gseng! Do wird's dir d'Augen aussabatzn! Ein Genuss, wos für's Auge!
Tante	Ja, um Himmels Willen! Wos werds eich denn do wieder ausdenkt hom! Ihr werds mir so Schlawiner sei! *Lacht erwartungsfroh.*
Neffe Karl:	*Voller Vorfreude grinsend:* Wos Erotisches!
Tante:	*Schockiert:* Ja pfui Deifl!
Neffe Karl:	Nix pfui Deifl! Des, wos etza kimmt, is Ästhetik pur! Erotische Bühnenkunst!

| Tante: | Des wird aso a Schmarrn sei! |
| Neffe Karl: | Franz, Tusch! |

Alleinunterhalter Franz, auch zum erweiterten Familienkreis gehörend, spielt auf seiner Hammondorgel einen Tusch, um die Spannung ins Unerträgliche zu steigern! Tante Kreszenz wird immer nervöser, die Neffen schmunzeln erwartungsfroh. Die Tür geht auf, es kommt ein gutaussehender und gutgekleideter junger Mann herein. Trotz Kleidung sieht man: Er hat einen durchtrainierten Körper, einen sehr durchtrainierten! Er geht zur Tante, deutet einen Knicks an und küsst ihr die Hand, was sie fast errötend zur Kenntnis nimmt. Sie kann sich nicht erinnern, jemals einen Handkuss erhalten zu haben. Die Verwandten spenden Beifall, einige weibliche Verwandte schauen mit sehnsuchtsvollem Blick den attraktiven Mann an und mit abschätzigem Blick die Wampen und haarlosen Schädel ihrer Gatten. Das Licht ist wieder angegangen, damit alle den wohlgeformten Körper bewundern können.

Tante:	*Mit wohlwollendem Blick auf den schönen Neuankömmling:* A sauberner Bursch, des muassi scho sagen! Dankschee, dass ihr mir den zum Gratulieren gschickt habts! Hod mi gfreit! *Zum Schönling:* Besten Dank! Pfiat di nacha! Kimm guat hoam!
Neffe Hans:	Tante Kreszenz! Des war ja bloß da Anfang! Jetza geht's erst richtig los!
Tante:	*Verstört:* Wos geht los?
Neffe Hans:	*Zum Wirt:* Ade, leg d'CD ei, auf geht's!
Tante:	Wos soll da Ade eilegen? Gibt's scho wieder wos zum essen?
Wirt:	*Grinsend:* Etza gibt's wos fürs Auge, ned für den Magen! *Legt die CD ein, man hört das bekannte Lied von Joe Cocker „Leave your hat on", das üblicherweise nahezu jeden Striptease musikalisch untermalt. Der Stripper zieht mit lasziven Bewegungen und sehr langsam seine Jacke aus.*
Tante:	Schwitzt er ebba? Is aa hübsch warm herin! *Zum Wirt:* Ade, mach a Fenster aaf! Der Bursch schwitzt wia a Ochs!
Wirt:	Glei wirst DU schwitzen!
Tante:	*Noch ahnungslos:* Naa, i ned! Mir macht d'Wärm nix aus!
Neffe Hans:	Warts ab!

Der Stripper hat sich endlich seiner Jacke entledigt und hängt sie aufreizend über den Stuhl der Tante, die dies teils amüsiert, teils verwundert zur Kenntnis nimmt!

Tante: *Zum Stripper:* I brauch koa Jackn, mir is warm gnua!

Der Stripper beginnt mit dem Ausziehen seines Hemdes, indem er einen Knopf nach dem anderen mit gekonntem Griff öffnet, man sieht bereits seine braungebrannte und blankrasierte Brust.

Tante: No etza! Is dem so hoaß, dass er sei Hemad aa no owaduat? Und koa Hoor aaf da Brust! Des segtma selten! So ein drumm Mannsbild und dann hoarlous!

Der Stripper hängt sein Hemd ebenfalls über den Stuhl der Tante und beginnt, immer im Takt der Musik, an seinem Hosengürtel herumzunesteln, was der Tante nicht ganz geheuer ist.

Tante: *Zu Neffe Hans:* Etza derf er owa langsam aafhörn! Fangt der mit da Hosn aa no o! Soll er halt aussegeh, wenn eam so warm is! Und de komische Musik! De gfallt mir gar ned! *Zum Musikanten:* Franz, spiel an Landler! *Franz macht Brotzeit und spielt keinen Landler.*

Der Stripper zieht mit einer gekonnten Bewegung seinen Gürtel aus den Schlaufen und beginnt mit dem Öffnen der Hosenknöpfe, der Tante ist nicht mehr wohl in ihrer Haut. Die Blicke der anderen weiblichen Gäste werden immer gieriger in Erwartung dessen, was vermutlich noch kommt. Der Stripper steht unmittelbar vor Tante Kreszenz und öffnet unter ständigem Schwingen der Hüften die Knöpfe der Hose. Die Tante wendet verschämt ihren Blick ab.

Tante: Also, etza wird's mir langsam z'viel! I konn do nimmer hischaun! Duat ebba der sei Hosn aa no owa? Der wird doch sei Hosn ned owadua, oder?

Neffe Karl: Du MUASST hischaun, Tante Zenz! Der Mo war ned billig, der hod 300 Euro kost! Mir hamm doch ned 300 Euro zahlt, dass du wegschaust! Schau hi, der macht des nur für di!

Tante:	300 Euro? Ja, seids ihr narrisch? Warum zahlts ihr 300 Euro, dass der sei Gwand ausziagt?
Neffe Hans:	Des is doch a professioneller Stripper!
Tante:	Wos is der?
Neffe Karl:	A Stripper! Der ziagt sich langsam aus, dass die Damen wos zum Genießen hamm!

Der Stripper macht unverdrossen weiter und ist bereits dabei, sich aus der Hose zu schälen, ein Slip mit Leopardenmuster kommt zum Vorschein. Auch die Beine des erotischen Tänzers erweisen sich als komplett unbehaart.

Tante:	Ja, um Gottes Willen! Jetza sagts dem Mo, dass er aafhört! Sei Unterhosn will i gar ned seng! Öffnet den Geldbeutel und zieht einen Fünf-Euro-Schein heraus. Schau her Bursch, do host an Fünfer! Ziag di wieder o und kaaf dir a Mass! Passt scho!
Neffe Hans:	Tante Zenz! Dua dei Geld eine und lass dem Mo sein Auftritt fertig macha! Lang dauerts eh nimmer!
Tante:	Owa i mog des ned seng, mir graust do! Und de gscheckerte Unterhosn! I mog eher de weißen!

Der Stripper hat sich aufreizend langsam der Hose entledigt und steht nun im Leopardenslip vor Tante Kreszenz! Die Hose überreicht er an die Tante, diese weiß nicht recht, was sie damit machen soll und gibt sie an den Neffen Hans weiter.

Neffe Hans:	Wos soll i mit dera Hosn?
Tante:	Des is doch mir wurscht, i brauchs ned! Und sog eam, dass er aafhörn soll, i mog sowos ned seng!
Neffe Karl:	Glei hammas, Tante Zenz, glei hammas! Etza kimmt da Höhepunkt!
Tante:	I will koan Höhepunkt, i will etza an Kafä!
Neffe Karl:	Glei kriagst an Kafä, etza schau no kurz hi, weil sowos host du no nie gseng!
Tante:	Angewidert: I WILLS aa ned seng!

Der Stripper ist entweder schwerhörig oder der deutschen Sprache nicht mächtig, denn er steuert unaufhaltsam dem Höhepunkt seines Auftritts zu.

Keine 50 Zentimeter von der Tante entfernt, zieht er sich mit einem Ruck, der genau mit dem Ende der Musik zusammenfällt, den Leopardenslip vom Körper. Für einen Sekundenbruchteil ist der Inhalt des Slips sichtbar, dann hält er seine Hand davor und entschwindet. Alle außer der Tante klatschen Beifall, Alleinunterhalter Franz hat sein Tortenstück vertilgt und spielt einen Schlusstusch, Neffe Karl bringt dem Stripper seine Kleidung hinaus, bezahlt in bar und kommt dann wieder herein. Die Tante sitzt kreidebleich auf ihrem Stuhl und hat das, was sie soeben gesehen hat, mental noch nicht verarbeitet.

Neffe Karl:	Und? Wos sagst?
Tante:	Ihr habts doch an Vogel!
Neffe Hans:	Mir wolltma dir einfach zum 80. wos Besonderes bieten! Und des war doch wos Besonderes, oder?
Tante:	Noja, i woaß aa ned.
Neffe Hans:	Also, wenn des nix Besonderes war, dann woaß i nimmer!
Tante:	Und der hod tatsächlich 300 Euro kost?
Neffe Karl:	Des hoda kost, owa des bist uns du wert, Tante Kreszenz! Und samma uns doch ehrlich: Des hod doch dir aa gfalln, dass du oamal in dein Leben sowos segst!
Tante:	Etza derfst owa aafhörn! Wos hoaßt do oamal in mein Leben? Ja moants ihr vielleicht, i hob sowos no nie gseng?
Neffe Hans:	Wo willst denn du sowos jemals gseng hom?
Tante:	Vor ungefähr 60 Jahrn bei da Fahnenweih vo da Feierwehr!
Neffe Hans:	Do host du sowos gseng?
Tante:	Und ob! Hinterm Bierzelt, beim Rumplmeier Schorsch! Und des war kostenlos!

Immer Bayern

Enkel:	I bin scho ganz aufgregt, Oma!
Oma:	Wia des?
Enkel:	No, weil in drei Tagen fangt d'Fußballweltmeisterschaft o! Bist aa scho aufgregt?
Oma:	I ned!
Enkel:	No geh, do muassma doch aufgregt sei!
Oma:	A geh zua, is doch allaweil des Gleiche! Des is doch langweilig!
Enkel:	Langweilig? Des is doch ned langweilig, des is total spannend!
Oma:	Spannend? Überhaupt ned! Des steht doch vorher scho fest!
Enkel:	Des steht doch vorher ned fest, man woaß doch vorher no ned, wias ausgeht!
Oma:	No freilich, weils immer gleich ausgeht! Wenns aus is, is Bayern München Erster!

Labile Lage

Kare:	Momentan hamma a labile Wetterlage!
Sepp:	Labil?
Kare:	Ja, labil! Weil es besteht a große Gewittergefahr. Owa man woaß nie genau, wo de Unwetter niedergenga. Do konns passiern, dass an oan Ort Sonnenschein is und drei Kilometer weida fetzts wia d'Sau! Des unberechenbar, du woaßt, dass Gewitter unterwegs an, owa du woaßt nie, wo's dann im Endeffekt blitzt!
Sepp:	Des is wia bei da Polizei! Du woaßt genau, dass de mit dem Radar unterwegs san, owa du woaßt nie, wo's dann im Endeffekt blitzt!

Maikäferliebe

Sepp: Du, gestern hob i seit Jahren wieder amal an Maikäfer gseng!

Kare: Des is koa Wunder, weil es is ja Mai!

Sepp: Scho, owa früher hods viel mehra Maikäfer geben! Massen! Mei, i woaß no, wia mir de Maikäfer gern ghabt ham! Mir hamms gfangt, dann hammas in a Schachtel einegsetzt, dann hamma eahna frische Blätter einegworfa und dann hammas ogschaut!

Kare: So gern habtses ghabt?

Sepp: Total gern! Dann hamma Wettrennen gmacht am Hof mit de Maikäfer. Hamma Start und Ziel mit da Kreim aufgmalt und dann hammas renna lassen und zuagschaut. Des war super! Mei, hamm mir de Maikäfer gern ghabt!

Kare: Ja, Wahnsinn, habts ihr de gern ghabt! Und wos habts dann später gmacht mit de Maikäfer?

Sepp: Dann hammas de Hühner higworfa, weil de hamms no gerner ghabt wia mir, zum Fressen gern!

Dialektforscher

Kare: Servus Sepp! Wen host den heit dabei? An neia Gast?

Sepp: Des is da Freind vo meiner Tochter, der is vo Aschaffenburg!

Kare: Bis vo Aschaffenburg? Ja mi läckst! Wia hoaßta denn?

Sepp: Stanislaus!

Kare: Do schau her! Hawedere, Stanislaus!

Gast: Hallo!

Eine Fliege lässt sich auf dem Stammtisch nieder, Kare kennt keine Gnade und erschlägt sie. Er nimmt diesen Vorfall zum Anlass, um Dialektforschung zu betreiben.

Kare: Du, Stanislaus, etza daad mi amal oans interessiern, weil i mi gern mit Dialekten befass: Sagst du als Aschaffenbur-

	ger „ich hasse die Fliegen, oder d'Fliang, oder d'Flejng, oder d'Fluign"?
Gast:	Ich sage „ich hasse die Wespen"!
Kare:	Interessant! Do segtma, wia verschieden de Dialekte san!

Schlechter Zuhörer

Kare:	Wos schaust denn so niedergeschlagen, Sepp?
Sepp:	Ach, i hob gestern a weng a Scharmützel ghabt mit mein Wei! Und heit is immer no grantig, herrscht koa guade Stimmung dahoam, eher a schlechte!
Kare:	Wos hods denn nacha scho wieder?
Sepp:	Naja, ehrlich gsagt, desmal versteh i fast, dass grantig is! I hob mir scho an gewaltigen Schnitzer geleistet!
Kare:	An gewaltigen? Erzähl!
Sepp:	Es is aso: Sie wirft mir ja oft vor, dass i ihr ned zuahör!
Kare:	Des is normal, do brauchst di ned owedua! Des war scho in da Steinzeit aso: Frau spricht, Mann hört nicht zu. Des kimmt vo de Hormone. I kenn den Satz scho auswendig vo meiner Barbara: „Weilst mir nie zuahörst!"
Sepp:	Des mog scho sei, owa gestern wars dann doch ziemlich krass!
Kare:	Krass? Erzähl!
Sepp:	Es war aso: Sie is mit zwoa Freindinnen aaf Berlin gflogen zum Shoppen und Kaffetrinka und umeinanderrenna – wos halt Frauen so macha. Des hob ihr i spendiert zum Geburtstag.
Kare:	Des is doch a noble Geste vo dir, do brauchts doch ned schimpfa!
Sepp:	Etza wart, es geht ja weida! I hob gsagt: „Mädels, viel Spaß!"
Kare:	Mädels? Mei liawa, do host an guadn Dog ghabt! Des san doch koane Mädels mehr!
Sepp:	Jamei, man will halt charmant sei. Aaf jeden Fall hob i gsagt: „Mädels, viel Spaß! Und i hol eich dann vom Flughafen ab!" Weil zum Flughafen higfahrn hods da Erwin,

	des is do Mo vo da Liesl, des is ihra Freindin und de is aa mitgflogen.
Kare:	Ja sag amal! Du bist ja a richtiger Kavalier! I versteh ned, warum do dei Frau grantig is!
Sepp:	Des wirst glei versteh! Es hod ghoaßn, Ankunft am Airport um 16 Uhr 12. Mei Frau hods mir gsagt und dass i bitte pünktlich sei soll und dass i mir des aafschreim soll.
Kare:	Aha, dann is mir des scho klar: Du host ihr ned gscheit zuaghört und aafgschriem hostas aa ned und dann warst zu spät dran!
Sepp:	Schmarrn! Um Punkt viere war i am Flughafen, sogar an Blumenstrauß hob i dabeighabt, zur Begrüßung!
Kare:	Etza versteh i gar nix mehr! Charmanter geht's doch gar nimmer!
Sepp:	Des hob i aa gmoant. Owa i hob mir dann scho denkt, wia i am Flughafen war, dass do wos ned stimmt. Aaf da Anzeigentafel war bei „Arrivals", des hoaßt Ankünfte, kein Flug aus Berlin.
Kare:	Ach du Schande! Host di beim Dog vertan?
Sepp:	Naa, beim Flughafen! I war in München und gland sans in Nürnberg! Und sie hod gsagt, dass sie mir ausdrücklich gsagt hod, dass der Flieger in Nürnberg landet! Und dass sie sich vor ihre Freundinnen aso blamiert hod, weil sie an so an Hanswurschten als Mo hod! Sie hod mi dann mitm Handy ogruafa und um halbe sieme war i in Nürnberg. De Blumen hob i in München da Bedienung gem, weil i hob mir denkt, de bringen etza aa nix mehr! De **hätten** aa nix mehr bracht!
Kare:	Jessas naa, is des ein Kreiz!
Sepp:	Des konnst laut song! Heit beim Frühstück hods bloß oan Satz zu mir gsagt: „Weilst mir nie zuahörst!" Owa in dem Fall hods recht, und drum ziag i meine Konsequenzen!
Kare:	Hörst ihr in Zukunft besser zua?
Sepp:	Des ned, owa i schenk ihr koa Flugreise mehr!

Manche sagen, er ist wichtig, manche sagen, er ist unwichtig, viele sagen, er ist ein Wahnsinn:

Der Datenschutz

Beamter: Grüß Gott! Willkommen im Vermessungsamt, was kann ich für Sie tun?

Bürger: Josef Grumphanzl mein Name. Es is aso: I daad gern an Holzdahl verkaffa!

Beamter: Wie bitte? Was möchten Sie verkaufen?

Bürger: Ein Waldgrundstück! Do sagtma bei uns Holzdahl!

Beamter: Ach ja? Ja dann! Und wie kann ich Ihnen dabei helfen? Ich glaube, da sind Sie bei mir verkehrt, da müssen Sie zu einem Notar!

Bürger: Des is mir scho klar, owa der, der wos den Holzdahl, also des Waldgrundstück kaffa möchte, der will an Beweis!

Beamter: Einen Beweis? Wofür?

Bürger: Wega da Fläche! Der will wissen, wia groß dass des is, des Grundstück! I hob gsagt, guat drei Dowa, owa des glangt eam ned, der wills genau wissen! Kanntn Sie mir des sagen?

Beamter: Welche Gemarkung? Welche Flurnummer?

Bürger: Gemarkung? Flurnummer? Des woaß i etza ned so schlagartig. Es waar glei, wennma de Flurbereinigungsstraß aaf Humpfing affefahrt, dann links!

Beamter: Das müsste ich schon präziser wissen.

Bürger: Neba da Kappelln, do wo de Totenbretter san.

Beamter: Totenbretter?

Bürger: Ja, vom alten Wimpringerbauern und seiner Sofie. Weil de san gstorm, scho lang!

Beamter: Hm, ich weiß zwar, welche Gegend Sie meinen, aber das genaue Grundstück kann ich so nicht feststellen.

Bürger: Des is schlecht, wos damma do?

Beamter: Ich könnte Ihnen auf dem Computerbildschirm den Lageplan zeigen und Sie sagen mir dann, welches Grundstück Sie meinen!

Bürger: Des is guat!

Beamter:	Gut, dann machen wir es so. Ich bräuchte dann nur noch vorab einen Nachweis, dass Sie der Eigentümer sind.
Bürger:	Des ghört mir, ganz ehrlich! Scho 28 Jahr, weil damals hod mei Voda übergeben! Mei Bruader hod's Haus kriagt, mei Schwester d'Wiesen und d'Felder und i des Holz. Weil i hob an Bulldog, den brauchst im Holz!
Beamter:	Sehr schön! Aber trotzdem, ich bräuchte einen schriftlichen Nachweis!
Bürger:	Ja, wo kriag i den?
Beamter:	Auf dem Grundbuchamt! Das ist gleich drei Häuser weiter. Gehen Sie hin und holen Sie sich einen Grundbuchauszug und dann kommen Sie wieder, dann kann ich Ihnen auf dem Lageplan das Grundstück zeigen! Und dann wissen wir auch die Flurnummer! Weil auf dem Grundbuchauszug steht ja dann die Flurnummer drauf!
Bürger:	Do stehts ja dann drauf!
Beamter:	Eben!
Bürger:	Dann passts!
Beamter:	Genau!
Bürger:	Dann daad i sagen: I hol mir des, des …, des … wia hoaßt des?
Beamter:	Grundbuchauszug!
Bürger:	Genau! Des hol i mir! Und dann kimm i wieder!
Beamter:	Gerne!
Bürger:	Und wega wos is des?
Beamter:	Wegen des Datenschutzes!
Bürger:	Genau! Mei, wos sei muass, muass sei! I geh dann!
Beamter:	Dann bis dann! Wiederschaun!

Der Bürger geht ins Grundbuchamt und erreicht nach zweimaligem Schildern seines Problems das richtige Büro.

Beamter:	Grüß Gott!
Bürger:	Grüß Gott!
Beamter:	Wie kann ich Ihnen helfen?
Bürger:	Josef Grumphanzl mein Name! Es waar wega, wega … , ja fix, wia hoaßt jetza des Papierl wieder? Do woma segt, wos mir ghört.

Beamter:	Ein Grundbuchauszug!
Bürger:	Genau! Genau des! Do segtma halt, dass Sie a gscheida Mo san! Glernt is glernt! An Grundbuchauszug!
Beamter:	Können Sie sich legitimieren?
Bürger:	Wos?
Beamter:	Können Sie sich ausweisen?
Bürger:	Grumphanzl, Josef Grumphanzl! Holzweg 12b.
Beamter:	Das glaube ich Ihnen gern, aber ich müsste Ihren Ausweis sehen!
Bürger:	Ja, wia des?
Beamter:	Wegen des Datenschutzes!
Bürger:	Scho wieder der Datenschutz! Ja mei, wenns sei muass, dann muass sei! Moment, hamma glei! *Sucht in der Jackentasche nach dem Geldbeutel, stellt dann fest, dass er nicht die Jacke anhat, die er glaubte anzuhaben.* Kreizbirnbaam, jetza hob i de ander Jackn an! Da Geldbeidl is in da grauen, des is de braune! Ja, wos damma do?
Beamter:	Ich kann Ihnen nur einen Grundbuchauszug machen, wenn Sie mir nachweisen, dass Sie Josef Gramphunzl sind.
Bürger:	Grumphanzl! An Grundbuchauszug fürn Gramphunzl brauch i ned!
Beamter:	Entschuldigung, Grumphanzl natürlich!
Bürger:	Genau! Owa des hilft alles nix, i brauch den Grundbuchauszug, weil da Ander vom Vermessungsamt will den haben, wega dem Datenschutz!
Beamter:	Fahren Sie halt nach Hause und holen den Ausweis!
Bürger:	I bin mitm Zug do, des is kompliziert. Weil mei Auto is beim Richten, mir is a Reh eineghupft!
Beamter:	Ein Reh?
Bürger:	Ja, a Reh! Des konnma aa nimmer richten, des hods dabröselt!
Beamter:	Oje!
Bürger:	Des is jetza wurscht, i brauch an Grundbuchauszug! Sie derfa mir des ruhig glauben, i bin da Josef Grumphanzl, i schwörs! Ruafas mei Frau o, de bestätigt des, de kennt mi, in- und auswendig!
Beamter:	Tut mir leid, ich habe meine Vorschriften! Ich muss eine Legitimation von Ihnen verlangen!

Bürger:	I zahl an Zwanzger extra!
Beamter:	*Empört:* Also bitte! Mit Geld lässt sich das doch nicht regeln!
Bürger:	Mit wos nacha?
Beamter:	*Gütig:* Wo wohnen Sie denn?
Bürger:	Holzweg 12b, des hob Eahna ja scho gsagt. In Dirftling.
Beamter:	Das gehört zur Gemeinde Humpfing, oder?
Bürger:	Genau! De hamm uns eingemeindet, de Hundlinge de! De Gebietsreform war ein Krampf! Mei Voda war Buagamoasta vo Dirftling, jetza is er gar nix mehr, keine Funktion! Sogar gstorm is er!
Beamter:	Das tut jetzt nichts zur Sache. Also, wir machen es so: Ich rufe jetzt in der Gemeindeverwaltung in Hundling …
Bürger:	Humpfing!
Beamter:	Ach ja, Humpfing natürlich! Da rufe ich an, die sollen mir ein Passbild von Ihnen mailen und darauf Ihren Namen und Ihre Adresse bestätigen, dann können wir das unbürokratisch lösen!
Bürger:	*Erleichtert:* Des is a Sach! Aso machmas! Hut ab, Sie san a Hund!
Beamter:	Wir helfen, wo wir können, aber Datenschutz ist halt Datenschutz! So, dann rufen wir mal an. Sucht die Telefonnummer der Gemeide Humpfing im Internet und ruft dann an. Ja hallo, hier ist das Grundbuchamt, Huber mein Name …
Bürger:	*Unterbricht mit erhobenem Zeigefinger:* Grumphanzl!
Beamter:	*Hält den Hörer zu.* Jaja, schon klar, Geduld! MEIN Name ist Huber, mit dem muss ich mich ja melden!
Bürger:	Achso! Ja dann, nix für unguat, Herr Huber, machens weiter!
Beamter:	*Wieder ins Telefon:* Ja, Huber! Folgendes: Bei mir sitzt Herr Josef Grumphanzl und möchte einen Grundbuchauszug, kann sich aber nicht ausweisen! *Kurze Pause.* Ja, Grumphanzl – Gustav – Richard – Ulrich – Martha – Paula – Helmut – Anton – Nordpol – Zeppelin – Ludwig!
Bürger:	*Unterbricht erneut:* Halt, stimmt ned! Josef! I hoaß Josef, ned Nordpol und des ganze Zeig, wos Sie gsagt hamm!
Beamter:	*Hält den Hörer wieder zu.* Jaja, ich weiß! Ich habe nur Ihren Nachnamen buchstabiert!

Bürger:	Achso! Scho klar! Bin ich ein Depp!
Beamter:	*Wieder in den Hörer:* Josef! Ja genau, Holzweg 12b. Ich hätte eine Bitte: Er hat seinen Ausweis nicht dabei, ich darf ihm aber einen Grundbuchauszug nur aushändigen, wenn er sich ausweist, Datenschutz! Könnten Sie mir ein Passbild mailen mit seinem Namen, dann könnte ich mich überzeugen, dass er es ist und es ginge dann auch ohne Ausweis.
Bürger:	*Mit lobend erhobenem Daumen:* Aso machmas! Super! Wia Sie des aso sagen kinna – mei, glernt is glernt!
Beamter:	*In den Hörer:* Wie bitte? Das können Sie nicht machen? Warum nicht? *Kurze Pause.* Wegen des Datenschutzes? Sie können kein Bild von ihm versenden ohne sein schriftliches Einverständnis?
Bürger:	I waar einverstanden! Voll! I unterschreib alles!
Beamter:	In den Hörer: Er könnte hier sein Einverständnis schriftlich erklären und ich könnte Ihnen die Erklärung faxen! Wie bitte? Das muss er bei Ihnen machen? Moment! Hält den Hörer zu und spricht zum Bürger: Herr Hunzkrampl …
Bürger:	Grumphanzl!
Beamter:	Herr Grumphanzl, es ist so: Sie müssten im Passamt der Gemeinde Humpfing vorsprechen und schriftlich Ihr Einverständnis erklären, dass das Passamt Ihr Bild an mich mailen darf! Dazu müssten Sie Ihren Ausweis vorlegen, wegen des Datenschutzes!
Bürger:	Ja Himmel, Arsch und Zwirn! Dann konn i ja glei mein Ausweis holn und wieder zu Eahna einafahrn, wenn i eh scho nach Humpfing muass! Weil dann is scho wurscht, dann konn i nach Dirftling aa glei fahrn, weil des machts Kraut aa nimmer fett!
Beamter:	Da haben Sie auch wieder recht! Das ist dann gehupft wie gesprungen.
Bürger:	Des is doch ein Wahnsinn! Des wenn i gwusst hätt, dann hätt i de ander Jackn ozogn! Schuld is mei Frau, de hod gsagt, ziag de warme Jackn o, weil da Wind geht! Scheiß Wind!
Beamter:	Beruhigen Sie sich, Herr … Herr Dings! Also, wie machen wir es? Was soll ich der Dame vom Passamt sagen?

Bürger:	Songs ihr, des is erledigt! Passt scho!
Beamter:	Wenn Sie meinen! *In den Hörer:* Hat sich erledigt! *Legt auf.* Und wie verbleiben wir jetzt, Herr Grumphanzl?
Bürger:	Eine Frage: Derfat i amal mit Eahnan Telefon telefoniern?
Beamter:	Das ist normalerweise unüblich, haben Sie kein Handy?
Bürger:	Naa, des neimodische Zeig mog i ned. Waar bloß kurz!
Beamter:	Na gut, ausnahmsweise, bitte schön!

Josef Grumphanzl wählt die Nummer des Kaufinteressenten für sein Waldgrundstück, dieser hebt ab.

Bürger:	Ja, Kare, hawedere! Du, i wollt dir bloß song, des wird nix mit dem Handel! I konn mein Holzdahl ned verkaffa an di! *Kurze Pause.* Warum ned? Du, des konn i dir ned song! *Wieder kurze Pause.* Wegan Kaufpreis? Naa, wegan Datenschutz!

Die Promiparty

Sepp:	Stell dir vor, gestern war i auf einer Promiparty!
Kare:	Oläck! Wia kimmst denn du auf a Promiparty?
Sepp:	De Einladung hob i gwunna bei an Preisrätsel! Do war die Frage: „Was hat der Hund hinten? Einen Schwanz oder einen Auspuff? Und i hob de richtige Lösung gwisst!
Kare:	Und wos war de richtige Lösung?
Sepp:	Schwanz natürlich!
Kare:	Des hätt i aa gsagt!
Sepp:	Ein Wahnsinn, wer do aller do war aaf dera Party!
Kare:	Wer war nacha do do?
Sepp:	Da Dschungelkönig vo 2016, de Vierte vo Germanys next Topmodel, da Dritte vo Deutschland sucht den Superstar, zwoa Ex-Bacchelor, zwoa Paare vo Bauer sucht Frau und a Hauptdarsteller vo Sturm der Liebe!
Kare:	Aha! Und, warn Promis aa do?

Im Freibad

Sepp: Aso a Hitz heit, ha? Des is insgesamt a hoaßes Wochenende!

Kare: A Bluatshitz! Do duats richtig guat, wennma im Freibad aaf da Liegewies umanandaflaggt und den Herrgott an guadn Mo sei lasst!

Sepp: Do bleibt dir fast nix anders übrig! Im Büro waars heit ned angenehm, guat dass Samstag is!

Kare: Allerhand Weiber do heit im Freibad!

Sepp: Ja, des stimmt! Segst de do rechts, aaf dem gelben Handtuch?

Kare: Jaja, segs scho!

Sepp: Is des ned d'Monika?

Kare: D'Monika? Wos für a Monika?

Sepp: No, d'Monika, de beim Schmalzlbäcker Verkäuferin is!

Kare: Aaahh, genau! Des is d'Monika! Mei liawa, de war aa scho amal schlanker!

Sepp: De hod gscheit zuaglegt! Jamei, des is des: Da Bikini is gnadenlos, der präsentiert dir die nackte Wahrheit!

Kare: Aa wenns grausam is! Und bei da Monika, do is grausam!

Sepp: Apropos grausam: Do schau ume, links, de mitm blaua Badeanzug, des is d'Reiser Resl!

Kare: *Schaut nach links.* DES is d'Reiser Resl? Des gibt's doch ned! Is de alt worn! De war doch früher viel jünger!

Sepp: I sog bloß: Der Zahn der Zeit! Er nagt!

Kare: Brutal! De war a Leckerbissen! De hod direkt scho graue Hoor! Also ned direkt, owa viel fehlt nimmer! A Tendenz zu grau is scho erkennbar!

Sepp: Und schlanker wars aa scho!

Kare: Jessas naa, is des ein Elend! Dass etza de ums Verrecka ned schlank bleim!

Sepp: Von da Rippl Rita will i gar nix song!

Kare: Wia kimmst jetza aaf d'Rippl Rita?

Sepp: Weils daneben liegt!

Kare: *Schaut angestrengt neben die Reiser Resl.* Ned, oder? D'Rippl Rita soll des sei?

Sepp:	Schau genau hi! De is!
Kare:	*Schaut genau hin.* Tatsächlich, des is d'Rippl Rita! Ja Wahnsinn, de hod sich ja körperlich direkt verdoppelt! Wia konnma denn dermaßen disziplinlos sei? Aso wia de ausschaut, frisst de Dog und Nacht! Und wahrscheinlich null Bewegung, des kimmt dann dazua! Schaus doch o, de liegt do und bewegt sich null!
Sepp:	Erschütternd! Und mir miassmas oschaun! Schee is des ned vo ihr! Mir schmecken glei meine Pommes und mei Eis nimmer!
Kare:	Mir mei Currywurscht aa nimmer! Stillos, daad i song! Es is oft unbegreiflich, wia Frauen sich geh lassen!

Eine junge, hübsche, atemberaubend gebaute Kollegin von Sepp und Kare kommt in einem knappen Bikini auf die beiden zu.

Kare:	Oläck, do schau hi, d'Silvia kimmt!
Sepp:	Heilige Muada Anna, schaut de guat aus! Also, i denkma fei des jedes Mal, wenn i de im Büro seg: De is scho a Leckerbissen, a absoluter Leckerbissen!
Kare:	A Sahneschnitte!
Sepp:	Genau! Und wos des Verblüffende is: De is ned bloß wahnsinnig schee, de is aa no nett!
Kare:	Des stimmt! Des hodma selten! Oft sans nett, owa ned grad de Scheenern, oder sie san schee, owa zwider!

Silvia ist inzwischen bei den Kollegen angekommen, erkennt sie und bleibt stehen. Beide ziehen schlagartig den sehr üppigen Bauch ein, setzen ihr schönstes verfügbares Lächeln auf, ihrer Meinung nach sogar ein verführerisches.

Sepp:	Ja, d'Silvia! Griaßde Silvia! Wie immer eine Augenweide! Bist im Büro scho a Leckerbissen, owa im Bikini: Hut ab! Meine Verehrung!
Kare:	Do hod da Sepp vollkommen recht! Des is ein Anblick, do is da Dog glei scheener, wennma sowos segt wia di! Aso a Kollegin wennma hod, dann gehtma gern in d'Arbeit!

Silvia:	*Freundlich:* Ja, die lieben Kollegen! Griaßde Sepp, Servus Kare! Gebts fei Obacht, dass eich d'Sonne ned erwischt! Ohne Sonnencreme wird des gfährlich mit eirer Plattn! Nix für unguat!
Sepp:	*Souverän lachend:* Des is doch koa Problem, Silvia! A scheens Gsicht braucht an Platz, sog i allaweil! Hahaha!
Kare:	*Auch lachend:* Genau! Intelligente Menschen werden plattert, Esel werden grau! Hahaha!
Silvia:	Hahaha! Cool! Im Büro schauts immer ganz normal aus, ihr zwoa, wenns an Anzug anhabts! Owa in da Badehosn merktma dann doch, dass jeder a mords a Wamperl hod! Steht eich owa guat!
Kare:	*Gequälter lachend:* Danke fürs Kompliment!
Sepp:	*Noch gequälter lachend:* Es hoasst ja immer: A Mo ohne Bauch is wia a Feierwehr ohne Schlauch! Hahaha!
Silvia:	*Ebenfalls lachend:* Genau! Also nacha, machtses guat, ihr zwoa! I muass in d'Cafeteria fire, do wart mei Freund! An scheena Dog no und gell: Obacht wegen dem Sonnenbrand! Und an guadn Appetit weiterhin! A Bauch will gefüllt sein!
Kare:	Dir aa, danke schön! War schee, dassma sich amal außerhalb vom Büro gseng hod!
Sepp:	Genau! Machs guat, Silvia! *Zwinkert unbeholfen mit dem linken Auge.*

Silvia geht mit einem schön anzusehenden Gang, Kare und Sepp blicken ihr sehnsüchtig nach.

Sepp:	So ein Rindviech!
Kare:	Des hob i scho allaweil gsagt!

Nächtliche Geruchsbelästigung

Polizist: Grüß Gott, Polizeistation Plunzing, wie kann ich Ihnen helfen?

Anrufer: Ja, Grüß Gott, es is wegen einer Belästigung! Es is nimmer auszuhalten!

Polizist: Eine Belästigung? Sexuell?

Anrufer: Doch ned sexuell! Vom Geruch her!

Polizist: Eine Geruchsbelästigung? Und da rufen Sie nachts um halb elf über Notruf die Polizei an?

Anrufer: Ja, weil wegen dem Beweis!

Polizist: Wegen dem Beweis? Wie Beweis?

Anrufer: Ja, weil wenns rengt, dann kimmt de Dregsau wieder durch! Weil da Beweis is dann weg! Und ohne Beweis kannst du gar nix macha, weil des is da Rechtsstaat.

Polizist: Welcher Beweis denn?

Anrufer: Da Gestank! Der is dann weg, wenns rengt. Und weils aaf's Renga schaut, hob i mir denkt, i ruaf liawa o – wegen der Beweissicherung!

Polizist: Jetzt mal ganz langsam, das klingt alles sehr verwirrend! Fangen wir ganz von vorne an: Wie ist Ihr Name?

Anrufer: Stinkerl, Oskar!

Polizist: *Unter Zuhalten des Telefonhörers lachend zu einem Kollegen:* Geh läck mich fett! Do is oaner dran, der will sich über a Geruchsbelästigung beschweren und der hoaßt Stinkerl! I brich ab!

Anrufer: Hallo?

Polizist: *Immer noch lachend, reißt sich mit großer Mühe zusammen, kann aber ein amüsiertes Glucksen in seiner Stimme nicht verhindern.* Ja, bin schon noch da! *Räuspert sich, um einen spontanen Lachanfall zu überspielen.*

Anrufer: Wos hamms denn? Is Eahna ned guat? Kriagns koa Luft ned? Riacha ebba Sie des aa? Durchs Telefon?

Polizist: Nein, ich sage es ganz ehrlich: Es ist wegen Ihres Namens! Sie müssen zugeben, der ist schon etwas komisch, oder?

Anrufer: Ja, des gib i zua. Owa i konn aa nix dafür, der is vo meine Eltern, do host du koa Chance ned!

Polizist:	Schon klar, SIE können da nichts dafür. Da wird man geboren und dann hat man diesen Namen, das ist Schicksal.
Anrufer:	Genau! I bin zu dem saubläden Namen kema, weil meine Eltern so Fans san vo de Hollywoodfilme, Ben Hur und den ganzen Schmarrn. Und wia i aaf d'Welt kema bin – genau an dem Dog – do war de Oscar-Verleihung. Und drum hoaß i Oskar. Aso bin i zu dem bläden Nam kema! I kannts massakriern, meine Eltern! Sie kinna Eahna ned vorstelln, wia oft d'Leit lachen, wenns mein Nam hörn! Sie kinna Eahna des ned vorstelln! I leb in an bayerischen Dorf und hoaß Oskar! Des is ned einfach!
Polizist:	Doch doch, ich kann mir das schon vorstellen! *Hält wieder den Hörer zu und spricht zu einem Kollegen:* I drah durch, i drah glei durch mit dem! Der hod an Vollvogel! Der sagt, sei bläder Nam kimmt vo da Oscar-Verleihung! *Prustend vor Lachen:* I konn nimmer!
Kollege:	Hä? Wos hod denn Stinkerl mit da Oscar-Verleihung zum dua?
Polizist:	*Mit Tränen in den Augen vor lauter Lachen:* Der hoaßt Oskar!
Kollege:	Du host doch gsagt, Stinkerl hoaßt er.
Polizist:	Ja, scho! Der hoaßt ja Stinkerl! Owa mit Vornam hoaßt er Oskar!
Kollege:	*Verständnislos:* Ja, owa Oskar, des is doch ned lustig, des is doch a ganz a normaler Name! Wieso lachst denn dann aso?
Polizist:	*Kann sich kaum mehr halten, da er die Ahnungslosigkeit des Kollegen zusätzlich lustig findet.* Des is ja des! Des is ja der Wahnsinn! Der hod an brutal blädn Nachnam und an ganz an normalen Vornam, owa er glaubt, sei Vornam is brutal! Des is ja des! Der moant, Oskar is des Problem! Dass des eigentliche Problem Stinkerl is, des kapiert der ned! I drah bald durch mit dem Deppen!
Kollege:	Jetza red weiter mit eam und halt ned dauernd den Hörer zua!
Polizist:	Oläck, freilich, der is ja no dran! *Zum Anrufer:* Hallo? Sind Sie noch da?
Anrufer:	Freilich! I hob mir scho denkt, de Leitung is unterbrochen, weili nix mehr ghört hob!

Polizist:	Äh, nein, wir haben bloß gerade einen anderen Notruf hereinbekommen!
Anrufer:	Ah geh! Aa wegen Geruchsbelästigung?
Polizist:	Nein, das nicht!
Anrufer:	Wega wos dann? Mord? Totschlag?
Polizist:	Äh, nein, wegen, wegen ... Moooment mal, das darf ich Ihnen gar nicht sagen! Das unterliegt dem Datenschutz und dem Dienstgeheimnis!
Anrufer:	Achso, ja dann! Is mir eigentlich aa wurscht! Mit geht's um de Geruchsbelästigung, dass des amal amtlich wird. Weil aso geht's nimmer weida! Jedes Mal, wenns aaf's Renga schaut, stinkt de ganze Siedlung! Wissns, i bin ned empfindlich, i bin neba da Metzgerei Rindlhauer aafgwachsen, kennens de?
Polizist:	Nein!
Anrufer:	Is wurscht. Aaf jeden Fall bin i nasal ned empfindlich. Owa des stinkt, des halt koa Sau ned aus, echt! Der haut de Gülle auße, dass a Freid is! Also koa Freid is ned, man sagt des bloß aso! Des is alles andere als a Freid, des is a Drama, weil des haltst einfach ned aus! Grad jetza in dera Hitz! Du muasst des Schlafzimmerfenster kippen, sunst schmorst im eigenen Saft, des schmeckt aa ned guat! Owa der Gestank, der wos durch des gekippte Schlafzimmerfenster einaschleicht, der is einmalig! Sie miassn kemma und des dokumentiern!
Polizist:	Wie kommen und dokumentieren? Sie werden doch nicht glauben, dass wir jetzt, mitten in der Nacht, zu Ihnen fahren und eine Geruchsbelästigung dokumentieren! Außerdem: Wie soll man einen Gestank dokumentieren? Das ist ja an sich schon unmöglich!
Anrufer:	Des geht! Kemmans her mitm Polizeiauto, nehmens Eahna an Kollegen mit als Zeuge, am besten oan mit einer feinen Nase, dann nehmens a gscheide Nosn voll vo dem Gstank und vor Gericht kinnans dann aussagen, wia dermaßen dass des gstunka hod!
Polizist:	*Zum Kollegen:* Du, der spinnt komplett! Der will, dass mir zu eam kemma und amtlich feststelln, dass stinkt! Des geht doch ned, oder?

132

Kollege:	Des geht überhaupt ned! Mit san Polizisten und koane Trüffelschweine! Jetza stauchna amal gscheit zamm, den Deppen! Der soll ned dauernd de Notrufleitung blockiern mit seinem Schmarrn! *Kopfschüttelnd:* De Irren wern immer mehr, ohne Schmarrn! Rausfahrn und an Gestank amtlich festhalten, i glaub, mei Schwein pfeift!
Polizist:	*Wieder zum Anrufer, in etwas schärferem Ton:* Jetza hören Sie mir einmal zu: Der Notruf ist nicht dazu da, dass man die Polizei anruft und sagt, dass irgendwo irgendwas stinkt! Der Notruf ist, wie der Name schon sagt, für Notfälle da! Wenn Leib oder Leben bedroht sind!
Anrufer:	Ja eben! I derstick glei, weils aso stinkt! Mei Frau hod Glück, de hod wegen einer chronischen Nasennebenhöhlenentzündung koan Geruchssinn mehr, de hod für mei Stinkpanik kein Verständnis! Owa i, für mi besteht scho Gefahr für Leib und Leben!
Polizist:	Ja, aber Sie sagten doch selber, dass der Gestank weg ist, wenn es regnet! Und heute Nacht soll es ja noch gewittern.
Anrufer:	Ja eben! Dann is morgen des Corpus Delicti weg, da Gestank nämlich! Und drum miassn Sie heit no kemma zum dokumentiern!
Polizist:	*Verärgert, genervt:* Zum letzten Mal: Wir kommen nicht! Es ist kein Verbrechen, wenn es stinkt!
Anrufer:	Sie reden Eahna leicht! Sie sitzen im Büro und hamm eine normale Luft, i sitz dahoam und hob den Gestank zum erdulden!
Polizist:	Da kann doch ich nichts dafür! Wären Sie auch Polizist geworden, dann säßen Sie jetzt auch im Büro!
Anrufer:	Bini ja!
Polizist:	Was?
Anrufer:	I bin ja Polizist!
Polizist:	*Unter Zuhalten des Hörers zum Kollegen:* Du, des is a Polizist!
Kollege:	Wer?
Polizist:	Der Oskar Stinkerl!
Kollege:	Des glaubst doch selber ned!
Polizist:	Wennes dir sog!

Kollege:	*Nach kurzem Nachdenken:* Du, Moment amal! Moooment amal! Gib mir amal den Hörer!
Polizist:	*Völlig ahnungslos:* Wos?
Kollege:	Gib mir den Hörer!

Der Polizist gibt seinem Kollegen verwirrt den Hörer.

Kollege:	*Ins Telefon:* Sie san also a Polizist?
Anrufer:	Jawoll!
Kollege:	Kann es sein, dass Sie heute einen Grillabend mit Ihrer Schwiegermutter haben?
Anrufer:	Jawoll!
Kollege:	Kann es sein, dass Sie mich gestern gefragt haben, ob ich die Schicht mit Ihnen tauschen will, damit Sie der Schwiegermutter auskommen?
Anrufer:	Das kann leicht sein!
Kollege:	Kann es sein, dass ich nicht getauscht habe?
Anrufer:	Jawoll!
Kollege:	Kann es ein, dass Sie gesagt haben, dann werden Sie sich etwas einfallen lassen, damit es uns in der Schicht nicht langweilig wird?
Anrufer:	Scho!
Kollege:	Dann ist Ihr Name nicht Oskar Stinkerl!
Anrufer:	Nein, mein Name ist Sepp Gruber, Polizeiwache Plunzing!
Kollege:	Sepp, du Hundskrippl, du greislicher! *Zum Polizisten:* Von wegen Oskar Stinkerl! Des is da Sepp!
Polizist:	Da Sepp? Unser Sepp? Da Gruaba Sepp is des?
Kollege:	Genau! Unser Sepp! Der hod di sauber verarscht! Oskar Stinkerl! *Lacht herzhaft.*
Anrufer:	Geh zua, Kare, gib mir amal noml den Rudi!

Der Kollege übergibt den Hörer an den Polizisten.

Anrufer:	Rudi?
Polizist:	*Grantig:* Ja!
Anrufer:	Und, wos sagst zu mein Gestank-Anruf?
Polizist:	Der stinkt mir! *Legt zornig auf.*

*M*an schimpft oft leichtfertig über Politiker, in manchen Fällen auch zurecht, manchmal aber auch nur, weil es chic ist. Mir tun sie manchmal direkt leid. Es wird erwartet, dass sie in Berlin oder München oder sonstwo bei jeder Sitzung anwesend sind, um intelligente Beschlüsse zu fassen und Gesetze zu unserem Vorteil zu verabschieden, denn dafür werden sie schließlich (nicht schlecht) bezahlt.

Auf der anderen Seite sollen sie aber gleichzeitig daheim im eigenen Wahlkreis präsent sein und jedes Fest mit ihrer Anwesenheit garnieren. Vereinsvorsitzende sind beleidigt, wenn bei den Feierlichkeiten kein MdB, MdL oder wenigstens der Landrat auftaucht, der Bürgermeister muss ja sowieso da sein, da er bei allen örtlichen Vereinen Zwangsmitglied ist.

Und wenn der Landtagsabgeordnete schon mal da ist, sollte er gefälligst auch ein Grußwort sprechen. Er steht dann im Bierzelt auf der Bühne und müht sich ab, die passenden Worte an das Festpublikum zu richten. Sein persönlicher Redenschreiber hat recherchiert und ihm das Ergebnis der Recherche mitgegeben, denn Zeit, seine Reden selbst zu schreiben, findet der gestresste MdL kaum mehr. Wobei es in ca. 100 Prozent der Fälle keine Rolle spielt, wie das Grußwort rhetorisch und inhaltlich aufgebaut ist, weil eh keiner bzw. kaum einer zuhört.

So erging es auch einem Volksvertreter, der zum 40-jährigen Jubiläum eines Schützenvereins als Grußwortredner die Bühne betrat. Es war ein Sonntag im Hochsommer, an dem er bei sage und schreibe sieben Festen erscheinen musste – neben dem Schützenverein unter anderem auch bei einem Fußballclub, der am selben Tag sein 50-jähriges Gründungsjubiläum feierte. Es kam, wie es kommen musste: Die Terminhatz forderte ihren Tribut und er betrat mit dem Manuskript für die Kicker die Bühne der Schützen und es folgte

Das falsche Grußwort

Redner:	Sehr geehrte Damen und Herren, verehrte Ehrengäste, geschätzte Festgäste, liebe Freunde des strammen Schusses, um es salopp auszudrücken, haha!
Zuhörer:	*Bereits angetrunken bzw. vom Vortag mit einem aufgewärmten Rausch ausgestattet:* Bravo!
Redner:	Danke! In einem bekannten Schlager von Katja Ebstein ...

Zuhörer:	Jawoll!
Redner:	In einem bekannten Schlager von Katja Ebstein heißt es: Im Leben, im Leben, geht mancher Schuss daneben!
Zuhörer:	Des konnst laut song!
Redner:	Danke! Zunächst vielen herzlichen Dank für die Einladung zu Ihrem 50-jährigen Vereinsjubiläum!
Zuhörer:	Vierzge sans erst! San erst vierzge! Is owa aa a lange Zeit!
Redner:	Erst 40 Jahre? Verzeihung, dann hat man mir das falsch aufgeschrieben!
Zuhörer:	Basst scho, dua di ned owe!
Redner:	Danke! Lassen Sie es mich so sagen: Sport ist ein wichtiger Faktor in unserer Gesellschaft! Nicht nur für uns Erwachsene, nein, auch die Jugend lernt im sportlichen Wettkampf und vor allem in Ihrer Sportart: Nicht jeder Schuss ist ein Treffer!
Zuhörer:	Haargenau! Manchmal geht's danem! Bravo, Prost! *Hebt seinen Masskrug.*
Redner:	Prosit, auf die nächsten 50 Jahre! *Hebt seinen mit Apfelschorle gefüllten Masskrug und trinkt.*
Zuhörer:	Vierzge!
Redner:	Wie bitte?
Zuhörer:	Vierzge werma erst alt heit!
Redner:	Ach ja, Verzeihung! *Sucht auf seinem Manuskript, wo er gerade war.* Wie gesagt, nicht jeder Schuss ist ein Treffer! Man muss Geduld haben! Es bedarf oft mehrerer Versuche, bis man Erfolg hat! Aber wenn man dann trifft, ist die Freude doppelt groß und der Pokal der Lohn!
Zuhörer:	Oder da Wurschtkranz!
Redner:	Verzeihung?
Zuhörer:	Der Wurschtkranz! Bei uns kriagt der mit dem besten Treffer allaweil an Wurschtkranz, meistens Knacker, manchmal Wiener! Letzdings war da Kunzer Fred da Preisträger, der is Vegetarier! Hamma eam 20 Brezn umghängt! Mei, des kimmt heit öfter vor, dass Menschen koa Fleisch essen. I verstehs ned, owa es kimmt vor!
Redner:	Aha! Naja, warum nicht, es muss nicht immer ein Pokal sein! Essen hält Leib und Magen zusammen, wie es so schön heißt! Haha! Um es salopp auszudrücken!

Zuhörer:	Jawoll!
Redner:	Nicht zu unterschätzen ist auch der soziale Aspekt! Gerade für junge Menschen! Es ist ja so, dass man als Jugendlicher oft unsicher ist, gehemmt, orientierungslos ...
Zuhörer:	Genau! Wia a Depp oft!
Redner:	Eben! Danke! Und gerade für so einen jungen Menschen ist ein schöner Treffer eine Selbstbestätigung, ein Erfolgserlebnis, ein „Kick", wie es heute so schön heißt! Kick-Kicker! *Lächelt stolz wegen seines gelungenen Wortspiels, das aber keiner kapiert.*
Zuhörer:	Bravo! Des stimmt! A Jungschütze wenn amal guat trifft, des is wos Scheens!
Redner:	*Erfreut über die Bestätigung aus der sehr lauten und unaufmerksamen Menge der Schützenbrüder und -schwestern:* Gell!
Zuhörer:	Unser bester Jungschütze is da Nüfür Erdal! Der is erst 15 Jahr olt, owa schiaßt scho wia a Großer! Der hod a Gfühl für den Schuss!
Redner:	Ist das nicht wunderbar? Ich finde, das ist wunderbar! Und das war ein gutes Stichwort! Denn das bringt mich zu meinem nächsten Punkt: Der Sport hat auch eine integrative Funktion! Menschen aus anderen Kulturen, die sich bei uns sportlich betätigen, gemeinsam mit den Einheimischen, werden viel leichter integriert in unsere Gesellschaft!
Zuhörer:	Des is wahr! Schiaßn bringt d'Leit zamm! Da Erdal, der is voll integriert bei uns! Und etza kimmts: Bei da Feierwehr is er aa scho! Wassertruppmann zwo!
Redner:	*Fast gerührt:* Wunderbar! Ein Musterbeispiel für die gelungene Integration durch sportliches Engagement! Wun-der-bar! Meine Hochachtung, liebe Sportkameradinnen und -kameraden!
Zuhörer:	Bravo! Prost aaf den Erdal! *Hebt den Krug, einige wenige, die die Rede verfolgen, heben ihn auch, die große Masse aber nimmt nach wie vor keine Notiz vom Grußwort und dessen gesellschaftspolitischer Aussage.*
Redner:	*Mit lauwarmer Apfelschorle:* Prosit! Aber, bei aller Freude über sportliche Betätigung: Es bleibt natürlich, vor al-

	lem bei Ihrer Sportart, nicht aus, dass auch Verletzungen passieren. Da kann es dann schon mal vorkommen, dass ein Kreuzband reißt oder ein Schienbein bricht!
Zuhörer:	*Zu seinem Nebenmann:* Etza kimmt er a weng in Schmarrn eine!
Nebenmann:	*Hat in seinem Handy die Nachrichten gecheckt und das Grußwort völlig ignoriert.* Wer?
Zuhörer:	No, er do vorn, da Abgeordnete!
Nebenmann:	Du, sei mir ned bös, i hob eam ned zuaghört. Wos hoda denn gsagt?
Zuhörer:	Dass bei unserem Sport manchmal a Schienbein bricht oder Kreuzband reißt!
Nebenmann:	Aso a Schmarrn!
Zuhörer:	Ja eben, sog i doch! *Laut:* Also eher weniger, in den Fuaß hod sich bei uns no koaner gschossn!
Redner:	*Kapiert den Zusammenhang nicht, da er meint, er sei unter Fußballern.* Haha, sehr gut! Nein, um es salopp zu sagen: Wo gehobelt wird, da fallen Späne! Aber wie gesagt, das gehört dazu! Bei allem Schmerz – es ist doch wunderschön und motivierend, wenn man wochenlang ausgefallen ist und sich dann wieder dem sportlichen Wettkampf stellen kann! Wenn man dann zum Trainer sagen kann: „Trainer, da bin ich wieder!"
Zuhörer:	*Zu seinem Nebenmann, der nur mit einem Ohr zugehört hat:* Wos red denn der daher? Wochenlang ausgfalln? Bei uns is doch no koaner wochenlang ausgfalln! Und Trainer hamm mir aa koan! Wos moant denn der?
Nebenmann:	Doch! Bei uns is scho oaner wochenlang ausgfalln! Da Riebler Rudi! Dem is doch amal sei Gwehr am großen Zeha auffegfalln und des war dann a Fraktur! Woaßt des nimmer?
Zuhörer:	*Haut sich mit der flachen Hand auf die Stirn:* No freilich, da Riebler Rudi! Etza, wo's das sagst, etza fallts mir aa wieder ei! Schau dir den MdL o, der woaß echt Bescheid!
Nebenmann:	De hamm ja Referenten, de alle Infos sammeln! Drum wissen de so guat Bescheid!

138

Zuhörer:	*Laut:* Hut ab!
Redner:	*Bedankt sich für das Lob, obwohl er nicht weiß, worauf es beruht.* Vielen Dank! Lassen Sie mich zum Schluss kommen! Es mag in Ihrem Dorf und Ihrem Verein keine so große Rolle spielen, aber: Sehr wichtig ist auch die völkerverbindene Funktion des Sports! Lieber misst man seine Kräfte auf dem Fußballfeld als auf dem Schlachtfeld!
Zuhörer:	Jawoll! *Zum Nebenmann:* Wia kimmt er jetza aaf Fußball?
Nebenmann:	Der moant des mehr allgemein!
Zuhörer:	Achso! Ja dann ... übrigens: Wia hod denn da FC gestern gspielt?
Nebenmann:	3:3 gwunna!
Zuhörer:	Du bist und bleibst ein Depp! *Auch er hört inzwischen dem MdL nicht mehr zu und beteiligt sich an der Analyse des Fußspieles, das am Vortag 3:3 endete. Der Mdl beendet einsam sein Grußwort.*
Redner:	Auf jeden Fall danke ich Ihnen nochmals für die Einladung und die Aufmerksamkeit!
	Ich habe mein Grußwort mit einem Zitat aus der Welt des Schlagers begonnen, ich möchte es auch mit einem Zitat aus dem Schlagerzirkus beenden! Wer alle kennen den Gassenhauer von Theo Lingen aus den 50er Jahren: „Der Theodor, der Theodor, der steht bei uns im Fußballtor – wie der Ball auch kommt, wie der Schuss auch fällt, der Theodor, der hält!" Einen solchen Theodor wünsche ich Ihnen auch für die nächsten 50 Jahre! Und nicht vergessen: Das Spiel ist erst aus, wenn der Schiedsrichter abpfeift! Vielen Dank für Ihre Aufmerksamkeit!

Der Landtagsabgeordnete verlässt unter aufbrandendem Applaus die Bühne und fährt mit dem Manuskript für die Schützen zum Fussballverein.

Wenn man einen Schaden hat, sei es am Auto, am Haus oder an sonstigem Vermögen, ist man froh, wenn dieser erstattet wird. Zu diesem Zweck braucht man einen Schädiger, der gut haftpflichtversichert ist. Wenn man keinen Schädiger hat, sondern am Schaden selber schuld ist, dann braucht man selber eine gute Versicherung. Dabei werden oft abenteuerliche Geschichten erfunden, um den Schadensfall zu einem Versicherungsfall zu machen. Viele reden dann sogar von Versicherungsbetrug, manche von Kreativität.

Im nachfolgenden Fall war es weder das eine noch das andere, aber lesen Sie selbst, was der Geschädigte an die Versicherung geschrieben hat, es ging um:

Das kaputte Rad

Sehr geehrte Versicherung,
mein Name ist Franz Gwandlmayer mit ay, ich bin verheiratet und ich habe, soweit ich weiß, zwei Kinder. Sicher kann man sich nie sein als Mann, als Frau eher.
Aber dies nur nebenbei.
Der Grund warum ich heute an Sie schreibe, ist ein tragischer.
Ich habe mir auf Anraten meiner Frau Gunda, mit der wo ich verheiratet bin, vor vier Monaten ein Fahrrad gekauft, weil sie sagt, ich sei so wampert, dass es gesundheitlich bedenklich ist und mit dem Rad in die Arbeit fahren anstatt mit dem Auto bringt etwas. Ob sie recht hat, sei dahingestellt. Ich kenne Menschen, die sind korpulent und gesundheitlich stabil, andere sind spindeldürr und kränkeln ständig. Schlank ist nicht automatisch gesund – meine Meinung!
Aber dies nur nebenbei.
Ich bin wie oben erwähnt anderer Ansicht, aber es ist ja bekannt, wenn sich ein Wei etwas einbildet, hast du keine Chance. Das fängt bei der Wohnungseinrichtung an und hört beim Fahrrad auf. Als Kompromiss ist es wenigstens ein E-Bike, das strengt nicht so an wie ein normales, kostet aber deutlich mehr! Der Händler wollte 2.899 Euro dafür, es ist blau-metallic, und ich habe ihm gleich gesagt, da führt kein Weg hin und erst als er sagte, dass ich noch eine Trinkflasche dreinbekomme, habe ich gesagt „geht doch! Warum nicht gleich?" Damit war der Han-

del perfekt, ich habe für den Sattel noch einen Gel-Überzug dazuge-kauft für 24,99 Euro. Der Grund ist mein Freund Isidor, der auch ein Rad hat und mir erzählt hat, dass die Schmerzen am Ar … am After unerträglich werden können, falls der Sattel zu hart ist.

Aber dies nur nebenbei.

Weil jetzt ja Februar ist und vor vier Monaten beim Erwerb des Fahr-zeuges war November, war das Rad noch nie im Freien, sondern immer im Haus, was logisch ist, weil welcher Narr fährt schon im tiefsten Winter draußen Rad, obwohl es diesen Winter kaum geschneit hat, wie Sie wissen. Trotzdem unterließ ich es, denn einerseits ist die Un-fallgefahr nicht zu unterschätzen, auf der anderen Seite ist auch mit einer Lungenentzündung nicht zu spaßen. Ich erinnere in diesem Zu-sammenhang an meinen Großonkel Herbert, er ist nicht mehr unter uns.

Aber dies nur nebenbei.

Ich darf zum Kernpunkt meines Schreibens kommen.

Am letzten Samstag, also vor drei Tagen (heute ist Dienstag!), ereignete sich Folgendes:

Ich verspürte am Abend gegen 20 Uhr 47 einen Durst und begab mich in den Keller, um dort eine Halbe Bier zu holen, vorsichtshalber gleich zwei. Sie müssen wissen, ich habe das Bier im Keller und nicht im Kühlschrank, da es, zu kalt genossen, eine Gefahr für den Hals darstellt bis hin zu Halsschmerzen. Auf dem Treppenabsatz zum Keller steht mein Rad. Sie werden fragen warum, denn normal müsste es ja im Kel-ler stehen und nicht auf dem Treppenabsatz. Der Grund ist einfach: Ich habe eine große Freude an dem optisch schönen Fahrzeug und schaue es gern an, was mir eher möglich ist, wenn es auf dem Trep-penabsatz steht, weil ich in den Keller von oben nicht hinuntersehe, auf den Treppenabsatz aber schon.

Sollten Sie sich fragen, warum ich das Rad nicht in der Garage hatte, sondern im Haus, dann kann ich auch diesen Sachverhalt erklären: Im Winter ist die Luft feucht und kalt und Roststellen an dem edlen Teil wären nur eine Frage der Zeit!

Aber dies nur nebenbei.

Ich komme zurück zum eigentlichen Thema, nämlich zum Bier holen. Ich unterschätzte die hereinbrechende Dunkelheit und begab mich in den Keller, ohne das Licht aufzudrehen, was ich problemlos gekonnt hätte, aber nicht wollte, weil ich wie gesagt meinte, es sei heller als es war. Der Weg nach unten verlief problemlos, als ich aber, in jeder Hand eine Flasche Ursprung-Hell, die Treppe wieder hinaufging, geschah es:

Auf dem Treppenabsatz, wo das Rad steht, angekommen, übersah ich den hervorstehenden Treterer (Pedal auf hochdeutsch!), blieb daran hängen und stürzte. Dies wäre nicht so schlimm gewesen, aber das Rad verlor ebenfalls das Gleichgewicht und stürzte auch. Da der gesamte Weg zum Keller gefliest ist, fiel es auf eine der Fliesen und es kam, wie es nicht kommen sollte, aber musste: Das Vorderlicht und der Tacho hielten der Fliese nicht Stand und gingen zu Bruch, was einen Schaden von 79,95 Euro bedeutet, einen entsprechenden Kostenvoranschlag der Firma Radlmeier & Söhne GmbH & Co.KG lege ich bei.

Ich persönlich erlitt lediglich an jedem Ellenbogen eine leichte Abschürfung, da ich das Bier retten wollte, was auch gelang. Aber der Preis dafür war das Abfedern des Sturzes durch das Aufstützen auf den Ellenbogen und die Abschürfung beidseits.

Aber dies nur nebenbei.

Ich bitte um Erstattung des Schadens im Rahmen der bestehenden Versicherung! Danke für Ihre Bemühungen!

Mit freundlichen Grüßen
Franz Gwandlmayer mit ay

Antwort der Versicherung:

Sehr geehrter Herr Gwandlmayer,
wir bestätigen den Eingang Ihres Schreibens ohne Datum und versichern Ihnen, dass wir den Schaden, den Sie an Körper und Rad erlitten haben, zutiefst bedauern.

Wir sehen aber keine Möglichkeit, Ihnen den Schaden zu ersetzen.

Sie haben zwar eine Kfz-Versicherung (Vollkasko mit 300 Euro Eigenbeteiligung) bei uns abgeschlossen, ein Fahrrad ist jedoch kein Kfz!

Erneutes Schreiben von Franz Gwandlmayer:

Sehr geehrte Versicherung,
ich kann Ihre Ablehung nicht hinnehmen, da sie auf einer falschen Annahme fusst! Mir ist durchaus klar, dass ein Fahrrad kein Kraftfahrzeug ist, denn direkt blöd bin ich auch nicht. Ich beantrage die Erstattung des Schadens nicht im Rahmen der Kfz-Versicherung, da befinden Sie sich total im Irrtum!
Ich habe doch in meinem Schreiben ohne Datum extra darauf hingewiesen, dass das Rad nicht in der Garage steht, sondern im Haus! Und ich habe bei Ihnen eine Hausradversicherung!
Bitte prüfen Sie meinen Antrag unter diesem Gesichtspunkt, dann dürfte eine Erstattung kein Problem mehr sein!

Hochachtungsvoll
Franz Gwandlmayer

Eine Antwort der Versicherung ist bis dato nicht eingegangen, obwohl seit dem zweiten Schreiben Gwandlmayers bereits sechs Wochen vergangen sind. Franz Gwandlmayer vermutet, dass der zuständige Sachbearbeiter sich im Urlaub befindet oder krank ist. Er beabsichtigt, noch zwei Wochen zu warten und dann erneut auf Vertragserfüllung zu pochen, denn Nachgeben ist nicht seine Sache – Rechtschreibung auch nicht!

Hin und wieder kommt es vor, dass ich meine Geschichten auch in Schulen zum Besten gebe. Ob es den Schülerinnen und Schülern gefällt, kann ich schlecht beurteilen. Lachen tun sie schon, ich hoffe, nicht nur aus Höflichkeit. Manchmal denke ich mir insgeheim, dass die Kinder teilweise besseres Kabarett liefern als ich selbst. Besonders in den Grundschulen werden mir oft Fragen gestellt, die mich herzhaft schmunzeln lassen. Ich habe mir einige dieser Fragen aufgeschrieben, da sie es meiner Meinung nach wert sind, dokumentiert zu werden. Natürlich wurden nicht alle Fragen in derselben Klasse gestellt, ich stelle es aber so dar, um das Ganze abzukürzen. Und darum heißt diese Geschichte

Toni Lauerer in der Klasse 2b

Der Auftritt ist beendet, die Kinder haben viel und herzhaft gelacht und sind bester Laune. Da bis zur Pause noch zehn Minuten Zeit sind, dürfen an „Herrn Lauerer" noch Fragen gestellt werden.

Lehrerin: So, liebe Kinder, jetzt dürft ihr den Herrn Lauerer noch etwas fragen! Wer möchte als Erster fragen? Und bitte: Schön melden, wer eine Frage hat!

Niemand meldet sich.

Lehrerin: Ihr braucht nicht scheu zu sein, Herr Lauerer beißt nicht! Also, wer hat eine Frage?

Niemand meldet sich.

Toni: Ihr kinnts mi alles fragen – wenni scho mal da bin! Also, nur Mut! Trauts eich! Wer hod a Frage?
Kevin: Herr Lauerer, i daad gern …
Lehrerin: *Unterbricht ihn tadelnd:* Kevin! Was habe ich gerade gesagt? Erst schön melden!

Kevin meldet sich.

144

Toni:	Ja, Kevin, dei Frage?
Kevin:	Wie viel verdienen Sie im Monat?
Toni:	Äh ...
Lehrerin:	*Unterbricht Toni:* Kevin! Du kannst doch Herrn Lauerer nicht fragen, wie viel er im Monat verdient! Das geht niemanden etwas an! Eine andere Frage bitte!
Kevin:	Wie viel verdienen Sie im Jahr?
Toni:	Äh, also so genau kann i des ...
Lehrerin:	*Unterbricht ihn:* Herr Lauerer, Moment, das brauchen Sie doch wirklich nicht zu beantworten! *Scharf zu Kevin:* Jetzt überlege dir bitte eine andere Frage! Eine, die nichts mit dem Einkommen von Herrn Lauerer zu tun hat! Also, bitte jetzt!
Kevin:	*Eingeschnappt:* I woaß koa andere ned!
Lehrerin:	Dann jemand anderer! Ursi, du hast dich gemeldet! Bitte schön!

Ursi reagiert nicht und meldet sich weiter.

Lehrerin:	Ursi!
Ursi:	*Erschrocken:* J...ja, Frau Röll-Röhrl?
Lehrerin:	Was hast du für eine Frage an Herrn Lauerer?
Ursi:	Jetza woaßes nimmer!
Lehrerin:	*Vorwurfsvoll:* Also Ursi!
Ursi:	I woaß echt nimmer! Grad howes no gwisst! Owa etza woaßes nimmer!
Toni:	Ursi, macht nix! Wenns dir wieder eifallt, dann meldst di wieder, gell!
Ursi:	*Beruhigt:* Ja! *Behält den Finger oben.*
Toni:	Owa jetza kannst dein Arm runtertun!
Ursi:	Ja! *Senkt verschämt den Arm, einige Mitschüler können sich ein schadenfrohes Grinsen nicht verkneifen.*
Lehrerin:	*Sieht auf ihre Armbanduhr.* Wir haben noch Zeit! Wer möchte noch eine Frage stellen?

Ermutigt durch Ursis Blamage melden sich gleich einige Kinder.

| Lehrerin: | *Erfreut und stolz:* Da schau her, jetzt aber! Yolassiyn, bitteschön, deine Frage? |

Toni:	Jawoll! Joachim, wos magst wissn?
Yolassyin:	Ich heiße Yolassyin!
Toni:	Do schau her! Wo kimmst nacha du her? Vo weida, ha?
Yolassyin:	Aus Syrien!
Toni:	*Will die Kinder zum Lachen bringen.* Hut ab! Des is ganz schee weit, do muass da Schulbus lang fahrn, bis er di do herkutschiert!

Keines der Kinder hat den (zugegebenermaßen schwachen) Gag kapiert, alle schauen Toni verdutzt an. Die Lehrerin will die peinliche Situation retten.

Lehrerin:	Haha! Der Herr Lauerer ist ein lustiger Mensch, gell! Aber der Yolassyin wohnt bei uns in Brunfting! Gell, Yolassyin?
Yolassyin:	*Sagt nichts und nickt nur verstört, da er immer noch durch Tonis Gag verunsichert ist.*
Toni:	Sauber sog i! Also Yolassyin, etza frog! Wos magst wissen? Brauchst di ned schaama, frog frei heraus!
Yolassyin:	Waren Sie schon mal in Syrien?
Toni:	Naa, bloß Südtirol! Weil woaßt, i mog Berge recht!
Yolassyin:	Wir haben in Syrien auch Berge! Da schneit es im Winter!
Toni:	Schau her, glauben möchstas ned! *Super! Hebt anerkennend den rechten Daumen in Richtung Yolassyin, der sich freut und sich, nach anerkennenden Blicken haschend, zu seinen Klassenkameraden umdreht.*
Josef:	*Der sich schon eine Weile heftig gemeldet hat.* Duhu, Herr Lauerer!
Lehrerin:	Josef! Erst sprechen, wenn du aufgerufen wirst!
Toni:	Naa, passt scho! I seg des ned so eng! Josef, wos magst wissen?
Josef:	Gell Herr Lauerer, du bist Standesbeamter!
Toni:	Ja genau! Schau her, wos du alles woaßt! Woher woaßt du des?
Lehrerin:	Ja, wissen Sie, Herr Lauerer, wir haben in der Deutschstunde über Sie gesprochen und da habe ich den Kindern gesagt, dass sie im Zivilberuf Standesbeamter sind!
Josef:	*Triumphierend:* Des hobi vorher aa scho gwisst!
Lehrerin:	*Verblüfft:* Woher denn, Josef?
Toni:	Hostas in da Zeitung glesn?

Lehrerin:	*Erklärend zu Toni:* Die Kinder lesen noch keine Zeitung, sie sind erst sieben!
Toni:	Ach ja, genau! Des is klar! *Zu Josef:* Woher woaßtas nacha, dass i a Standesbeamter bin?
Josef:	*Selbstbewusst:* Weil mei Tante, de hod bei dir gheirat und i war dabei und do hob i di gseng! Des war lustig!
Toni:	Ehrlich?
Josef:	Ja, weil du host zum Schluss zum Onkel Fred gsagt: „Sie dürfen die Braut jetzt küssen!" Und dann hod er ihr voll a Busserl geben, ganz lang! *Kichert, die meisten seiner Klassenkameraden kichern ebenfalls.*
Toni:	Und des hod dir gfalln, du Schlawiner?
Josef:	*Weiterkichernd:* Ja, scho!
Toni:	Wia hoaßt nacha dei Tante?
Josef:	Tante!
Toni:	Ja, scho klar! Und wia no?
Josef:	Tante Regina!
Toni:	Und weida?
Josef:	Naa, Undweida hoaßts ned, Regina hoaßts!
Toni:	Und an Familiennamen hods ned?
Josef:	*Wird plötzlich verlegen.* Woaßi ned, owa i glaub, ned. Sie hoaßt eigentlich bloß Tante Regina.
Lehrerin:	*Bricht den im Sande verlaufenen und deshalb nun sinnlosen Dialog zwischen Toni und Josef ab.* So, liebe Kinder, jetzt habt ihr gehört, dass Josef die Hochzeit seiner Tante Regina gut gefallen hat …
Josef:	*Unterbricht sie, indem er zu seinen Mitschülern umschaut und, vor Lachen glucksend, sagt:* De hamm voll gschmust! *Alle Kinder grinsen, manche lachen laut.*
Lehrerin:	*Beruhigend:* So, jetzt wissen wir das auch! *Entschuldigend zu Toni:* Herr Lauerer, ich bitte um Verständnis, es sind halt Kinder!
Toni:	Passt scho! Mir warma ja aa amal jung! *Sieht auf die Uhr.* Und? Wia schauts aus? Hod no jemand a Frage? Schee langsam muasses packa!

Mehrere Kinder melden sich, auch Josef ist unter ihnen.

Lehrerin:	Josef, nein, du warst schon dran! Andere wollen auch eine Frage stellen!
Josef:	I woaß owa ganz wos wichtigs!
Lehrerin:	Also gut, was möchtest du sagen?
Josef:	Herr Lauerer, i hob fei a Schildkröte!
Toni:	Gratuliere! Wia hoaßts denn?
Josef:	Schildkröte!
Toni:	Schöner Name!

Josef lehnt sich zufrieden zurück, da er die wichtige Information hinsichtlich seines Haustieres an Toni weitergegeben hat.

| Lehrerin: | Sehr schön Josef, aber jetzt bitte Fragen! Ihr sollt ja den Herrn Lauerer etwas fragen und ihm nicht etwas erzählen! Also, wer hat noch eine Frage? |

Alle Hände bis auf zwei gehen nach unten – offensichtlich wollte der Groß-teil der Kinder etwas erzählen und nichts fragen. Bevor die Lehrerin jeman-den aufrufen kann, geht eine dritte Hand nach oben. Es ist Ursi, der ihre Fra-ge wieder eingefallen ist.

Lehrerin:	Ja, die Ursi! Ist dir wieder eingefallen, was du Herrn Laue-rer fragen wolltest?
Ursi:	*Schüchtern:* Ja!
Lehrerin:	Na, dann stell deine Frage!
Ursi:	*An die Lehrerin gerichtet:* Wie alt ist denn Herr Lauerer?
Lehrerin:	Du musst nicht mich fragen, sondern den Herrn Lauerer!
Ursi:	*Immer noch schüchtern mit gesenktem Blick zu Toni:* Wie alt sind Sie, Herr Lauerer?
Toni:	*Neugierig und schmunzelnd:* Wia alt schätzt du mi? *An die Klasse gerichtet:* Wia alt daads ihr mi schätzen, liebe Kinder?

Manche melden sich, die meisten rufen eine Jahreszahl in den Raum. Die Schätzungen bewegen sich zwischen sechzig und neunzig Jahren, was Toni psychisch belastet, da er 58 ist. Aus Angst, dass irgend ein dummes Kind „hundert" ruft, löst er das Rätsel lieber auf.

| Toni: | I bin 58 Jahre alt! |

Die Kinder reagieren mit ungläubigem Raunen, da sie Tonis Glatze offensichtlich auf eine falsche Fährte gebracht hat.

Toni: Mei Plattn mach ℛ ℛ t mi älter, des is Schicksal! Owa wia hoaßts immer so schee: Gescheite Menschen werden plattert, Esel werden grau!

Ursi: Da Herr Bauer hat graue Haare! Is der a Esel?

Toni: *Mit böser Vorahnung zur Lehrerin:* Wer is da Herr Bauer?

Lehrerin: Unser Rektor!

Toni: *Beschwichtigend zu Ursi:* Naa, der Bauer is natürlich koa Esel! Da Herr Bauer is a gescheiter Mann! Des mit dem Esel, des is bloß aso a Sprichwort! A Schmarrn praktisch! So Sprichwörter san meistens a Schmarrn! Des dürfts ned so ernst nehmen, liebe Kinder! *Es entsteht eine kurze peinliche Stille, die Kinder sind immer noch geschockt über die vorübergehende Tatsache, dass Herr Bauer ein Esel sein könnte. Josef meldet sich erneut.*

Lehrerin: Josef, nicht du schon wieder! Andere wollen auch was fragen!

Josef: Aber i woaß a Sprichwort: Morgenstund hat Gold im Mund! Is des aa a Schmarrn?

Toni: *Hat sich durch die unbedachte Äußerung in Sachen Esel in eine unangenehme Situation manövriert und versucht, aus dieser herauszukommen.* Des is natürlich koa Schmarrn! Manche Sprichwörter san wahr! Des mit der Morgenstund zum Beispiel, des is wahr!

Josef: Wos bedeutet dann des?

Toni: Des, des bedeutet, dass …, dass …, *ringt nach Worten, was für einen Schriftsteller untypisch ist* … des bedeutet, dass des, wosma in da Friah duat, besser wird als des, wosma erst aaf d'Nacht duat. So ungefähr, genau konn i des jetza aa ned erklärn!

Lehrerin: *Merkt, dass keine sinnvolle Konversation mehr entsteht und will das Ganze beenden, Toni möchte dies ebenfalls, da ihm seine Eseläußerung immer noch sehr peinlich ist.* So, liebe Kinder! Ich denke, jetzt verabschieden wir Herrn Lauerer mit einem freundlichen „Auf Wiedersehen, Herr Lauerer!"

Alle Kinder sagen wie auf Kommando auffallend langsam im Chor: „Auf-Wie-der-se-hen-Herr-Lau-er-er!"

Toni: Wiederschaun, liebe 2b! Ihr warts ein tolles Publikum! Danke für die Einladung! Alles Guade wünsch i eich in da Schul! Lauter Oanser! Tuts allaweil schön aufpassen und lernen, dann fehlt sich nix! Wos habts denn nach da Pause für a Fach?

Im Chor ertönt die Antwort „Sport".

Toni: Sport! Mei Sport, des is schee! Sport, des war mei Lieblingsfach!
Josef: Ehrlich? Wieso bist du dann so dick?
Lehrerin: *Erschrocken:* Also Josef! Jetzt bist aber mal still! Der Herr Lauerer ist doch nicht dick, höchstens von stabilem Körperbau!
Toni: Naja, a paar Pfund abnehma daad ned schaden! Owa des is ned einfach, Frau Röhrl-Röll!
Lehrerin: Röll-Röhrl!
Toni: Genau! So, liebe Kinder, da Gong hod gläutet, jetza is Pause! Wer a Autogramm mog, der soll einfach an mir vorbeigeh und sagen, dass er oans will, gell! I hob jede Menge dabei!

Die Kinder springen auf und strömen aus dem Raum, niemand hat Interesse an einem Autogramm, was der Lehrerin peinlich ist.

Lehrerin: *Verlegen errötend wegen der frustrierenden Autogrammnachfrage:* Mei, Herr Lauerer, wissens ja, wia des is: Kaum läutets zur Pause, sans scho weg! Kinder halt!
Toni: Machens Eahna koan Kopf, kein Problem!

Ein kleines Mädchen ist die letzte, die aus dem Zimmer geht. Sie bleibt aber bei Toni stehen und verlangt nach einem Autogramm, was sowohl Toni als auch die Lehrerin freut.

Lehrerin: Ja, die Kimberly! Du möchtest also ein Autogramm?
Kimberly: *Schüchtern:* Ja!

Toni:	Super! I hob jede Menge dabei!
Kimberly:	Dann nimm i oans vom Justin Bieber!
Toni:	Akkrat des hobi etza ned dabei! Also nacha, i muass furt!
	Wiederschaun, Frau Ding! Servus Kimberly!

Verlässt lächelnd den Raum, denkt sich aber insgeheim: „Wenn scho oane Kimberly hoaßt!"

Weitere Bücher und CDs von Toni Lauerer

**Scho wieder
Weihnachten?**
Preis: 14,90 EUR

**Der Alltag is da
Wahnsinn**
Preis: 14,90 EUR

**Willkommen im
Spiegelsaal**
Preis: 14,90 EUR

**Endlich wieder
gschafft**
Preis: 14,90 EUR

Voll im Trend
Preis: 14,90 EUR

Wos gibt's Neis?
Preis: 14,90 EUR

I glaub, i spinn
Preis: 14,90 EUR

I bin's wieder
Preis: 14,90 EUR

**Hauptsach',
es schmeckt!**
Preis: 14,90 EUR

Eigentlich is wurscht
DVD: 16,90 EUR
CD: 14,90 EUR

**Die schönsten
Grimms Märchen
auf Bairisch**
je 19,90 EUR

Hubertus Hinse /
Toni Lauerer
**Sagen aus der
Oberpfalz
„Glaubn mechst
es ja ned"**
je 14,90 EUR

**Zum
Geburtstag**

**Die liebe
Oma**

**Verheiratet,
na und?**

**Gute
Besserung**

**Tolle Frauen,
liebe Mütter**

**Starke Männer,
liebe Väter**

Erhältlich im Buchhandel.

Weitere Informationen zum Autor und seinen neuesten Titeln finden Sie unter: www.battenberg-gietl.de